여행을
하지 않는
사람

여행을 하지 않는 사람

초판발행 2018년 8월 10일
초판발행 2018년 8월 13일

저자 | 이대원, 최태영
발행인 | 서정환
발행처 | 수필과비평사

펴낸곳 | 수필과비평사
주 소 | 서울시 종로구 삼일대로 32길 36 운현신화타워 305호
전 화 | 02-3675-4000 · 5635 063-275-4000
등 록 | 제300-2013-133호
인쇄처 | 신아출판사
주 소 | 전북 전주시 완산구 공북길 16 (태평동 251-30)
전 화 | 063-275-0484 · 6374, 063-251-3885 **팩스,** 063-274-3131
이메일 | essay321@hanmail.net, sina321@hanmail.net

ISBN 979-11-5933-169-5 03810

값 13,000원

Printed in KOREA

「이 도서의 국립중앙도서관 출판예정도서목록(CIP)은 서지정보유통지원시스템 홈페이지(http://seoji.nl.go.kr)와 국가자료공동목록시스템(http://www.nl.go.kr/kolisnet)에서 이용하실 수 있습니다.(CIP제어번호: 2018025048)」

이 책은 청주시 1인 1책 펴내기 운동 기금을 일부 지원받아 발간하였습니다.

여행을 하지 않는 사람

이대원 · 최태영

수필과비평사

 **Like a Rolling Stone** Bob Dylan

습관의 노예가 된 사람
매일 똑같은 길로만 다니는 사람
결코 일상을 바꾸지 않는 사람
위험을 무릅쓰고 옷 색깔을 바꾸지 않는 사람
모르는 이에게 말을 걸지 않는 사람은
서서히 죽어가는 사람이다.

열정을 피하는 사람
흑백의 구분을 좋아하는 사람
눈을 반짝이게 하고
하품을 미소로 바꾸고
실수와 슬픔 앞에서도 심장을 뛰게 하는
감정의 소용돌이보다
분명히 구분하는 걸 더 좋아하는 사람은
서서히 죽어가는 사람이다.

자신의 일과 사랑에 행복하지 않을 때
상황을 역전시키지 않는 사람
꿈을 따르기 위해 확실성을 불확실성과 바꾸지 않는 사람
일생에 적어도 한번은 합리적인 조언으로부터 달아나지 않는
사람은
서서히 죽어가는 사람이다.

여행을 하지 않는 사람
책을 읽지 않는 사람
삶의 음악을 듣지 않는 사람
자기 안에서 아름다움을 발견하지 않는 사람은
서서히 죽어가는 사람이다.

자신의 자존감을 파괴하고 그곳을 에고로 채운 사람
타인의 도움을 거부하는 사람
자신의 나쁜 운과 그치지 않고 내리는 비에 대해
불평하면서 하루를 보내는 사람은
서서히 죽어가는 사람이다.

시작도 하기 전에 포기하는 사람
알지 못하는 주제에 대해 묻지도 않고
아는 것에 대해 물어도 대답하지 않는 사람은
서서히 죽어가는 사람이다.

우리, 서서히 죽는 죽음을 경계하자
살아 있다는 것은 단순히 숨을 쉬는 행위보다 훨씬
더 큰 노력을 필요로 함을 기억하면서

– 마샤 메데리오의 《서서히 죽어가는 사람》 중에서

프롤로그 〉〉

투어 가이드는 자기 여행이 아니라 다른 이들의 여행과 추억을 만들어 주는 일을 한다. 그 일은 다른 이들의 삶에 대한 애정과 존경을 바탕으로 끊임없는 사색과 성찰을 수반해야 한다. 그래서 스스로를 타자화하고 객관화하는 일이 무엇보다 중요하다고 생각한다. 게다가 항상 새로운 상황과 만나고 시작되는 일이다. 새로운 여행자와 만나고, 새롭게 삶을 시작하려는 이와 만나고, 새 땅과 만난다. 늘 새로움에 반응하고 스스로를 변화시킬 수밖에 없으며, 경계 밖으로 스스로를 추방하는 것이다. 자발적 추방자의 삶! 우리 사회를 밝게 변화시킨 모든 이의 일관된 삶의 자세였다. 최근엔 우리 사회에 혁신을 일으킨 스티브 잡스(Steve Jobs, 1955~2011)가 그랬다.

여행은 무엇인가?

이 질문을 오래 묻고 답하며 살고 있다. 다른 위도, 경도, 종교, 복장, 건축물 속에서 나를 던져 본다. 어쩔수 없이 주변인이 되는 그 상황에서 조금은 객관적으로 생각하려 노력했다. 도시와 건축 음식 등을 체험하는 일과 그것들이 갖는 상징적 가치를 넘어 그 주변에 담겨서 면면이 내려오는 일상의 이야기가 더욱 가치 있고, 시설물이나 건축물 외형의 아름다움이 아니라 그 속에서 다른 이들과 더불어 사는 관계가 더 중요하며, 우리의 삶을 담아 끊임없이 진화하고 지속되는 데 더욱 의미가 있다는 것을 여행과 글을 통해서 이야기하고 나누고 싶다.

문득, 다른 것을 보는 것이 아닌 다른 관점을 갖게 되는 것이라 깨달았다. 내 안에 있던 강아지 두 마리! 편견과 선입견이 아닌 불여일견不如一見이란 반려견과 함께 여행하자는 깨달음이다. 용기내어 다름 속에 나를 적셔보는 행위의 여행이 어떨까 한다.

한반도와 다른 모습에 세상 어딘가를 사랑하는 가족에게 보여주고 느끼게 해주고 싶어 9,000킬로 떨어진 체코 프라하로 생활의 터를 바꾼 지도 14년이 되었다. 부족함 많은 아빠인 나보다 더 잘 성장해준 예준, 유준 남매에게 더 없는 고마움을 느낀다. 사랑하는 아내 영미의 힘 있는 격려 또한 무엇과도 바꿀 수 없다.

이 책은 사진과 글을 함께한 벗 최태영 교수가 없었다면 나오지 못했을 것이다. 그에게 감사한 마음을 전한다. 다른 성장과정을 갖고 있는 그를 만난 것도 여행길이었다. 그래서 여행을 사랑한다.

2018년 7월

체코 프라하에서 **이대원**

CONTENTS 》

영화 《타인의 삶》 OST Linienstrasse Gabriel Yared

S#1

세계 지도는 두 장

세계사는 이들이 썼기에 승자라고 하는
유럽 쪽 사람들이 자신들의 항해 역사를 침략부분은 살짝,
개척 부분은 엄청 부각시킨 것을
우리는 세계사라고 공부하고 있다.

세계 지도는 두 장이다. 우리가 익히 알고 있는 세계지도를 보면 아시아와 태평양이 중앙에 있고 오른쪽이 아메리카, 왼쪽이 유럽과 아프리카, 중앙 아래로 호수와 뉴실랜드가 그리고 대서양은 지도 좌우로 갈라져 있다.

다른 하나는 유럽에서 만들어지는 지도다. 대서양이 중심에 있고 좌우 지도 4분의 1씩 태평양이 고르게 대륙을 중간에 위치시키고 있다. 퍼즐 맞추기 그림이라도 보듯이 유럽과 아프리카, 북아메리카와 남아메리카가 나란히 대서양을 사이에 두고 포진한 모습을 보게 된다. 지도가 왠지 좁아 보이고 어색해 보이는 건 사실이다. 익숙하지 않아서일 수도 있고, 그 넓은 태평양이 양쪽에 꽉 차고 대륙이 옹기종기 모여 있기 때문이기도

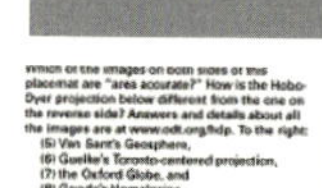

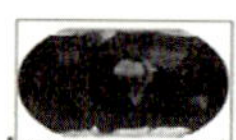

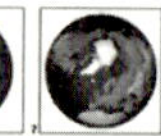

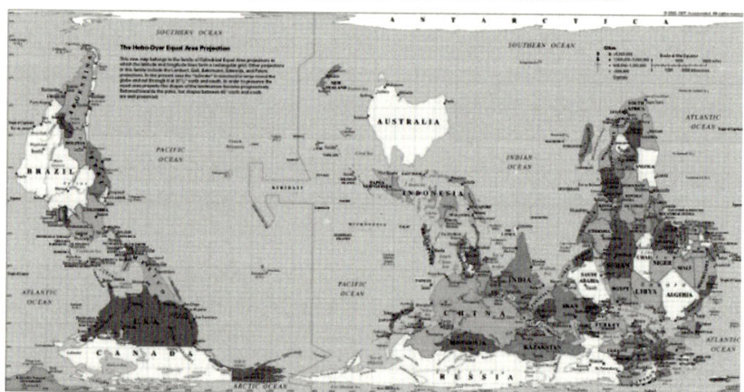

위부터 한국과 아시아, 유럽과 아프리카, 호주 관점 지도

하다. 바로 육지가 아닌 지구의 70%를 차지하는 바다를 중심으로 표현한 모습이다. 어떤 시각을 갖고 접근하느냐에 따라서 세계지도가 다르게 표현된다.

우리가 공부한 태평양 중심의 세계지도로는 14~15세기 포르투갈과 스페인의 대항해 시대를 이해하기 쉽지 않다. 왜냐하면 포르투갈에서 왼쪽으로 출발해서 지도가 끝나고 다시 오른쪽 지도 어디쯤에서 눈대중으로 다시 출발하는 꼴이 되니 영 머릿속 연상과 정리가 잘 안 된다. 또 대서양 넓이도 태평양과 비교해 어느 정도인지 모르니 항해 시간은 도대체 얼마만큼 걸렸는지 영 느낌이 안 온다. 14~15C 포르투갈과 스페인의 대항해 시대 때 실크로드보다 안전한 인도로의 뱃길을 위해 출항한 많은 모험가들이 아메리카를 발견하게 되는 이유를 대서양판 지도를 통해 알 수 있다. 극명한 시각 효과로 세계사 교육에 반드시 필요하다고 본다.

한국에서 마드리드까지 비행시간 13시간, 리스본까지 15시간, 뉴욕까지 15시간, 리스본에서 뉴욕까지는 6시간의 거리이다. 런던에서 뉴욕이 7시간 조금 더 걸릴 뿐이다. 아프리카 대륙을 남으로 통과하며 희망봉을 발견하고 명명한 포르투갈인 '바스코 다 가마(Vasco da Gama, 1469~1524)' 가 얼마나 엄청난 모험가인지는 지도를 통해 알 수 있다. 여타의 탐험가와 스폰서들은 서쪽으로의 항해를 통해 많은 향료와 황금을 유럽으로 유입했건만, 그는 유독 항로를 남쪽으로 잡았던 것이다. 이런 사실 하나하나가 태평양 중심의 세계지도에선 대양의 단절로 머릿속 연상이 어렵다. 그러나 대서양 중심의 세계지도에선 분명코 대항해시대 세계사의 큰 흐름을 읽을 수 있다.

관심 갖지 않아 잘 모르는 사실 중 하나를 짚어 보면 14세기 말엽 이미 스페인과 포르투갈은 교황청으로부터 대륙 가까이서 발견되는 섬 혹은 땅은 포르투갈이, 먼 바다에서 발견되는 섬 혹은 땅은 스페인이 기득권을 갖기로 했다. 무슬림을 몰아내고 기세등등한 그들은 아직 발견도 되지 않은 어딘가를 두고 땅따먹기 밀약을 끝냈다는 웃기지도 않은 역사적 사실이 있다. 그래서 크리스토퍼 콜럼버스(Christopher Columbus, 1451~1506)가 포르투갈로부터 재정적 지원을 받지 못했고, 고향 제노바로 돌아가는 길에 스페인의 이사벨 여왕에게 대륙을 벗어나 먼 바다로 똑바로 나아가겠다는 그의 항해 계획서가 먹힐 수 있는 것이었다. 그래서 포르투갈 출신 '바스코 다 가마(Vasco da Gama, 1469~1524)'는 대륙을 가까이 끼고 남하 항해하는 계획을 승인받게 되었고, 그 결과 아프리카의 최남단 희망봉을 발견하고 대서양과 인도양의 뱃길을 열게 되는 것이다.

결국, 세계사는 이들이 썼기에 승자라고 하는 유럽 쪽 사람들이 자신들의 항해 역사를 침략부분은 살짝, 개척부분은 엄청 부각시킨것을 우리는 세계사라고 공부하고 있다. 대서양판 세계지도는 한국 내에서 구하기 쉽지 않다. 유럽 여행 중에 자녀 혹은 손자 선물로 더 없이 좋을 듯하다. 여행을 좋아하는 모든 이에게 권한다.

Knockin' on Heaven's Door Bob Dylan

S#2

여행,
마음먹기에 따라

여행에도 격이 있다.
종류가 있고 지역에 따라 다르다.
기간에 따라 또 다르다.
삶의 다양성처럼 여행의 다양성도 엄청 종류가 많다.

여행을 하는데 마음가짐까지 바꿔야 하나?

국민교육헌장이 있듯 여행 헌장이라도 시험 보고 출발해야 한단 말인가? 일탈, 난소롭고 화려하던 평소의 삶에서 색다른 경험 혹은 누구에게도 방해받지 않고 떠나는 것이 여행 아닐까? 그런 것이 여행인데 무슨 마음가짐을 다잡자는 소린지…. 그런데 여행에도 격이 있다. 종류가 있고 지역에 따라 다르다. 기간에 따라 또 다르다. 삶의 다양성처럼 여행의 다양성도 엄청 종류가 많다.

얇은 옷을 입고 두꺼운 옷을 입긴 쉽다. 반대로 하긴 영 자세가 나오지 않는다. 또 맵시도 나지 않는다. 그런데 여행을 하는 멋쟁이들 중엔 잘 차려입은 자신의 옷은 절대로 손대지 않고, 현지의 옷을 입으려 애쓰는 이가 있다. 간혹 억지로 꿰어 맞추다 끝내 옷을 찢거나 짜증을 내기도 한다. 어떤 이는 아예 시도조차 하지 않으며 여행경비를 낭비하는 경우도 드물게나마 볼 수 있다.

세상에서 무서운 것 중에 단연 으뜸은 연륜이라 생각한다. 그런데 여행 중 삶을 통해 얻어지고 굳어진 연륜이란 것이 오랜 시간 소중했던 그들의 문화를 잘잘못 그리고 흉과 허물로 치부하거나 오해해 곡해를 일으키는 경우가 있다. 다르고 불편할 뿐 그들은 그곳에서 우리와 다르게 살아왔을 뿐인데 종교, 역사, 건축, 음식, 예의범절, 기타 등등이 그곳에 어울리게 자리잡았을 뿐인데 스스로의 상식과 이해의 틀에서만 이해하려는 고집을 보이기도 한다.

마른 스펀지가 물을 빨아들이듯이 이것저것 여행지의 문화와 삶의 방식을 받아들이고 이해하려 노력하다 보면 폐단도 발견할 수 있다. 그러나 소득도 많다. 다양한 이해와 사고의 폭을 얻을 수 있다. 열린 마음으로 타 문화도 수용할 수 있는 마음, 바로 그것이 여행인으로서 가장 중요한 준비를 하는 것이다. 밑반찬, 컵라면, 충전어댑터, 기후에 맞는 복장을 챙기는 것보다 훨씬 더 중요한 돈 안 드는 '마음의 준비'를 확실히 해야 한다.

다른 관점으로 사방으로 열려 있는 섬,
맹그로브 나무와 소년, 필리핀

이번 여행에선 그들의 방식대로 해 봐야지, 그들의 배꼽시계와 그들의 음식을 경험해 봐야지 하는 수용의 마음, 배움의 자세 말이다. 여기까지는 아마추어 사고방식과 접근법이다. 여행 좀 했다 하면 누구나 얘기 할 수 있는 부분이다. 열린 마음으로 느끼고 배워보겠다는 여행의 기본자세를 갖추기 힘든 여타 상황을 먼저 살펴보면, 배낭여행객들도 마찬가지고, 일반 여행사의 패키지 여행객들이든 일단 짧은 기간에 여러 나라를 돌아봐야 하는 우리식의 욕심이 작용하고 있는 것이다.

여행도 산업사회 역군들처럼 하고 있다. 새벽부터 밤늦게까지 졸린 눈 비벼가며 고문당하듯 온몸을 관광지에 내던진다. 하루에 얼마나 많은 관광지를 돌아보는지 어디어디를 보았는지 실상 기억하는 사람도 그다지 많지 않다. 열흘간 전용버스와 고속열차, 페리를 이용하며 과정보다는 목적지 방문에 의미를 두며 치고 빠지기 이름하여 'Hit & Run'의 여행버전 혹은 "왔노라, 보았노라, 찍었노라, 후딱 떠났노라."로 칠해지고 있다.

입장 바꿔 생각해보면 10년 이상 직업적으로 여행을 했기에 천천히 씹어가며 맛을 음미하고 싶어지지…. 나 역시 처음 목돈 투자해 여행한다면 근성있게 여러 나라 부지런히 보고 싶으리라는 생각이 든다. 천천히 온전한 정신으로 "시차가 원인제

공을 하여 유럽 도착 3, 4일 정도는 점심식사 이후 모두 주기도문을 외우든 염불을 외우든 거의 모두 고개를 끄덕끄덕하며 유럽이 이해되고 있는 모습을 보여준다. 대단해요?!" 살피는 것도 능동적으로 여행의 주체다운 마음자세를 갖는 것을 이제는 얘기할 때이다.

그많은 경제적 투자와 시간을 들여서 전문가인 척하는 여행사의 일정에만 끌려다니는 수동적인 여행에서 그 틈새의 여유 혹은 일탈의 여행 중에 또 다른 일탈을 꿈꾸어보는 마음자세도 한 번쯤 생각해볼 필요가 있다.

One More Cup of Coffee
Bob Dylan

S#3

유럽식 아침식사

한국인의 아침 식사량은
유럽 호텔 직원들의 간담을 서늘하게 한다.
그 이유는 많이 먹기 때문이다.
기본적으로 준비된 모든 것을 일단 빼놓지 않고 맛을 본다.

어떤 문화, 어떤 인종, 어떤 나라가 "잘났다, 못났다."의 문제가 아니다. 문화 차이를 이야기하려고 한다. 알프스 이남(햇볕이 좋은 지중해: 이탈리아, 스페인, 포르투갈, 그리스, 터키 등) 식사 패턴과 이북의 패턴에 차이는 있지만 이곳에선 이탈리아의 예를 보기로 삼겠다. 전형적인 이탈리아 아침식사는 에스프레소 한 잔과 담배 한 모금이다. 그렇게 하루를 시작해 11시 즈음 간단하게 크로와상(반달 모양의 부드러운 빵) 하나와 에스프레소를 한 모금 한다. 그리곤 1시부터 통상 3시 정도까지(스페인은 2시부터 4시까지) '시에스타'라고 하는 점심 및 오침시간을 갖는다. 관공서 및 은행이 이와 같다. 점심식사 시간이 길다고 식사량이 많은 것은 아니다.

그리곤 오후 5시경 '나랑하'라 불리는 오렌지 주스 한 잔과

에스프레소 한 잔에 담배 한 모금, 프랑스 칸

간단한 스낵을 먹으며 늦은 저녁 식사 시간까지의 공백을 메운다. 저녁 식사는 일반가정에서 8시 이전에는 거의 먹지 않는다. 8시 30분 혹은 9시 정도부터 시작한다. 아무리 짧아도 한 시간 반 정도, 그 이상 식사를 한다. 스파게티 혹은 피자 한 판이 에피타이저가 되고 본식으로 손바닥보다 큰(14온스 이상) 고기(돼지, 양, 소고기)를 올리브유와 소금을 살짝 뿌린 샐러드와 함께 먹는다. 그리곤 생선이나 닭 정도를 더 먹기도 하고 디저트(케이크, 푸딩, 요거트 따위)를 먹는다. 중간에 포도주는 빠질 수 없는 필수 음료가 된다.

이런 식으로 통상 11시가 지나야 저녁이 끝나고 자정쯤 잠이 들면 아침식사가 먹히겠냐는 거다. 그러니 아침은 다시 부실해지고 점심과 저녁으로 식사량이 뒤쪽에 치중된다.

우리는 어떤가?
예부터 부실한 아침식사를 크게 경계했다.

농경사회, 산업사회를 거치면서도 아침을 거르면 하루 종일 힘을 쓰지 못한다고 하며 밥에 국, 심지어는 찌개까지 차려먹고 나간다. 바쁜 아침 출근시간 회사 앞 지하철 계단에서 김밥이라도 사들고 출근하는 것이 우리 문화다. 점심은 12시 칼같이 챙겨 먹는다. 아침이 부실했다면 면 종류보다는 밥을 더욱 선호한다. 무척이나 빠른 속도로 먹는다. 1시간의 점심시간은 충분하다 못해 몇 가지 잡무를 처리할 만큼 시간 안배가 가능하다.

저녁 식사는 경우엔 되도록이면 이른 시간에 하려 한다. 이유는 완전히 소화시키고 잠자리에 들려 하기 때문이다. 건강에 더없이 바람직하다. 위에 최소한의 음식물도 남기지 않으려는 건강상의 좋은 습관이다. 이 패턴으로 아침 햇살을 맞이하면 배가 고프게 되어 있다. 그러니 다시 아침을 든든히 챙겨먹으려 한다.

유럽의 호텔식 아침식사는 보통 컨티넨탈 스타일(Continental style)과 잉글랜드 스타일(English style) 혹은 아메리칸 스타일(American style)로 크게 나뉜다. 물론 영국에선 컨티넨탈식과 잉글랜드 블랙퍼스트(England Breakfast)로 나누기도 하지만, 어찌되었건 컨티넨탈식은 빵 몇 종류, 그리고 약간의 잼과 버터 그리고 커피 혹은 주스와 우유 한 잔이 끝이다. 아메리칸 식은 몇 종류의 치즈와 햄, 빵류 몇 가지 과일 주스 및 커피, 시리얼, 우유, 결정적으로 따뜻한 스크램블과 소시지, 그리고 삶은 계란이 첨가된다.

아메리칸이든 컨티넨탈이든 한국인의 아침 식사량은 유럽 호텔 직원들의 간담을 서늘하게 한다. 그 이유는 많이 먹기 때문이다. 기본적으로 준비된 모든 것을 일단 빼놓지 않고 맛을 본다. 그리고 그중에 괜찮은 맛의 무언가가 있으면 더 먹게 된다. 음료는 마찬가지로 종류별로 각 한 잔씩 기본적으로 맛을 본다. 우리네도 그들을, 그들 또한 우리네를 알고 있는 듯해도 결코 이해의 폭이 넓지 않다.

대항해시대 이후 500년이 지나고 운송 수단의 발달로 12시간이면 지구촌 어지간한 곳은 도착할 수 있는데도 아직도 서로 간의 문화적 습관의 이해는 턱없이 부족할 뿐이다.

 영화 《쉐프(The Chef, Comme un chef)》 OST　Nicola Piovani

S#4

냄비 두 개
뚜껑 하나

일단 유럽음식은 지글지글, 보글보글, 펄펄 끓이는
찌개나 국의 종류가 몇 없다.
뜨거운 음식은 스프 정도, 나머지는 그릴, 오븐에 요리한다.
뚜껑이 썩 필요치 않다.

독일 주방용품은 기본적으로 수출용과 내수용이 다르다. 나라별로 정서와 요리법이 다르기에 디자인을 수출국의 조리법이나 사정에 맞게 변경하여 판매하는 것이 수익에 좋으니 그럴 수도 있다. 기능만큼은 내수용이 더 좋은 것 같다. 어쨌든 쇠로 만드는 독일 제품은 참 튼튼하다. 그런데 냄비 두 개에 뚜껑 하나를 기본 세트로 판매한다.

"한 개는 뚜껑을 덮지 말란 말인가?"

생각하며 살펴보기 시작했다.

일단 유럽음식은 지글지글, 보글보글, 펄펄 끓이는 찌개나 국의 종류가 몇 없다. 뜨거운 음식은 스프 정도, 나머지는 그릴, 오븐에 요리한다. 뚜껑이 썩 필요치 않다. 그래도 그렇지 냄비

동 · 서 베를린 지도(위)와 냄비 두 개 뚜껑 하나인 주방용품(우)

두 개에 뚜껑이 두 개여야지 남는 장사가 될 텐데 그들은 그렇게 생산하질 않는다. 그래서 가게 주인에게 물어 봤다. 얘기인즉, 냄비 두세 개를 함께 사용하며 요리를 할 때는 통상 뚜껑을 다 덮고 조리할 일이 많지 않다고 얘기한다.

음식재료를 넣고 간을 보고, 젓고 하다 보면 뚜껑은 사용할 일이 많지 않다고 한다. 당연하다는 듯이 냄비 두 개에 뚜껑이 하나란다. 많은 양의 음식이 필요한 날은 큰 냄비, 가족끼리 적은 양이 필요한 날은 작은 냄비, 냄비 뚜껑 사이즈는 같고,

높이(냄비 깊이)만 다르다.

감자와 옥수수를 찌는 데 사용하는 압력솥(우리는 밥)도 그렇다. 같은 회사 것은 말할 것도 없고 타 회사 것도 일반 냄비는 거의 비슷하다. 안전문제로 압력솥은 다르다. 판매상이 원하고 고객이 원했는지 몰라도 어쨌든 독일 냄비는 시시콜콜 그렇다. 자원을 아끼고 검소가 미덕인 나라의 당연한 모습 중 한 단면을 볼 수 있다. 그런데 우리 가장들 도대체 구입해간 솥 세트로 밥은 얻어 먹고 사는지 궁금하다.

합리주의의 실용성이란 차원에서 자동차 역시 마찬가지이다. 독일 내수용 벤츠, 아우디, BMW 삼대 메이커 모두 풀 옵션 장착율은 높지 않다. 독일에선 손님들의 안전문제로 택시의 대부분이 메르세데스 벤츠이다.

그런데 뒷문 유리창이 수동이 훨씬 많다. 처음엔 깜짝 놀라다 못해 장난하는 줄 알았다. 기어 변속장치도 오토매틱(Automatic) 보단 스틱(Stick)이 훨씬 많고 장애인 차량에만 굳이 오토매틱을 장착하고 있다. 그래서 독일 측에서도 아시아 마켓을 중요시 여기고 그중에서도 한국마켓을 대단히 중요하게 생각하는 것 중에 하나가 신차 발매와 새로운 옵션이 개발되면 일단 한국시장에 먼저 소개해 보고 반응을 살핀다고 할 정도이다. 그런데 우리는 1600cc 자동차도 모두 파워 핸들에 옵션을 풀로 장착한다.

뒷좌석에 앉은 사람까지도 왜 손가락 하나로 창문을 내리고 올려야 한다고 생각한 것일까?

판매술에 세뇌를 당한 걸까?

내가 너무 소심해서 이런 것까지 생각하는 것일까!

우리는 확실히 미국 영향을 많이 받았다.
밥솥 얘기에서 너무 많이 벗어났다.
어쨌든 생각해 볼 문제다.

영화 《아메리칸 셰프》 OST

S#5

유럽 문화체험 음식부터 1

언어는 문화이다.

그 문화의 중심에는 음식이 있다.

대화의 소재에 음식이야기는 주요 소재로 자리한다.

언어는 문화이다.

그 문화의 중심에는 음식이 있다. 대화의 소재에 음식이야기는 주요 소재로 사리한나. 동서고금 어느 문화권에서도 생존부터 풍요까지, 소중함에서 다양함까지 식사라는 이름으로 음식은 늘 우리와 함께한다. 다양한 문화의 포용이라 할 수 있는 열린 마음이 가장 절실히 요구되는 장르가 먹거리 문화이다.

어떤 민족과 인종은 그들만의 음식을 오랜 기간 먹고 마시며 다양한 나름의 찬란한 문화를 꽃피웠건만, 내 것만을 고집하며 그들의 음식을 받아들이지 못하는 옹고집 마인드는 여행객으로서는 높은 점수를 주기 어렵다. 하루에 한 끼라도 찌개에 김치를 먹지 못하면 힘을 못 쓰는 여행객이 있다면 정신력으로 여행하라. 아니 떠나지 않는 것도 방법이지 않을까 싶다.

아치형의 기둥과 천장, 적절한 간접조명이 운치를 더하는 카페

집에 있지 뭐! 이틀에 한 끼라도 우리 음식을 먹지 않으면 정신이 몽롱해지는 이가 있다면 여행을 떠나지 않는 것은 어떠할지? 스스로를 학대하는 행위이다.

관광觀光은 다른 빛을 보는 것이다.

그 빛의 내용에는 음식도 포함된다. 도전해 보고 그들의 음식문화 속에 나를 맡겨 보자. 유럽스타일 식사를 알기 전에 우리 음식은 잘 알고 있는지 묻고 싶다.

유럽친구를 사귀었다고 생각해 보라.

우리 음식 무엇을 소개해 주고 싶은가? 전골, 불고기, 나물, 생선회, 분식, 독특할수록 추천하고 싶은 생각이 드는가? 소금과 후추가 양념의 대부분인 유럽친구들의 식습관에 양념갈비는 이색적이고 맛난 별미가 될 것이다. 음식을 소개하는 것처럼 쉽지 않은 일도 드물다. 개별여행이든 단체여행이든 가족간에도 각자 먹고 싶은 게 다를 수 있건만 입맛 맞는 음식 찾기처럼 어려운 것이 또 있을까?

일단 우리가 알고 있는 영어 중에 레스토랑이나 기타 음식에 관련된 용어가 얼마나 되는지 알고 있을까요? 그리고 당신은 지금 유럽여행을 준비 중이거나 여행 중이다. 우리가 알고 있는 미국식 영어는 패스푸드점에서 번호로 적혀 있는 세트메뉴를 주문할 수 있는 수준이다. 그나마도 유럽의 중 · 소도시에선

매너와 대화를 곁들인 즐거운 식사

통하지도 않는다.

국내의 모 회사간부들과 밀라노 빅토리아 엠마누엘 2세 갤러리아에 위치한 사비니(SAVINI)라는 레스토랑에 식사를 할 수 있는 기회가 있었다. 밀라노에서도 손꼽히는 레스토랑 중에 하나이다. 지긋한 연배에 보우타이를 한 웨이터가 현관에서 예약자 명단을 확인하고 일행이 몇인지를 다시 한 번 확인하고 흡연과 비흡연, 창가와 중앙 테이블의 선택유무를 멋지게 묻고 안내한다. 참 멋지게 시작된 식사이다.

메뉴는 이미 예약을 했었다. 12코스의 풀코스로. 전식이 4종류, 본식이 3종류, 디저트가 3종류, 중간에 따로 주문할 수 있는 별식 2가지 이렇게 아주 성찬이 준비되어 있었다. 전식은 주로 해산물 위주였고, 본식은 육류를 주문했었다. 전식이 시작되기 전에 이탈리아에서 생산되는 와인 중에 한국인이 좋아하는 키안티 클레식코를 적당한 선에서 주문했다. 가볍게 한잔씩 하고 있자니 전식이 나오기 시작한다. 한 개, 두 개 나름의 순서에 따라 멋지게 서브되고 맛도 일품이다. 본식 첫 코스를 먹기 시작했는데, 배가 부르다는 분이 나오기 시작한다. 본식 두 번째에선 훌륭하다는 얘기와 함께 모두 포만감을 이야기한다. 세 번째 코스에서는 슬슬 시계를 들여다보기 시작한다. 이미 시간은 2시간을 채워가고 있었다. 아직도 별식과 디저트까지 다양하게 준비되어 있는데, 벌써 지쳐 한다. 비싼 요금 내고 고문당하고 있는 수준이다. 이유인즉, 초반전에 우리식의 성급함으로 빨리빨리 접시를 치워나갔다는 것이다. 두 번째 와인이 과했다.

와인을 좋은 음료로 생각하며 음식에 궁합을 맞춰 나갔어야 하는데, 그러지 못하고 홀짝홀짝 너무 많이 마셨다는데 원인이 있었다. 가장 중요한 대화가 빠져있었다. 이런 저런 화젯거리로 대화가 양념으로 꾸준했다면 음식의 맛과 코스의 안배는 훨씬 풍성했으리라. 끝내 디저트는 한 종류로만 생략하고 2시간을 조금 넘기고 레스토랑에서 빠져나왔다. 그 좋은 식사와 와인은 비용대비 만족도에서 점수를 받지 못했다.

음식을 섭취하는 단계가 아닌 즐기는 단계로
에너지원을 집어 넣는 수준이 아니라
격있는 사교의 장으로 식사가 정착되어야 하리라.

토플과 토익으로 될 수 있는 것이 아니라 격있는 식사의 자리에 많이 노출되고 훈련되어야 생길 수 있는 매너라고 생각한다. 한두 번 교육으로 가능한 것이 아니라, 그와 같은 자리에 자꾸 참여하여 체득해야 하는 격이라는 생각을 해본다.

영화 《더 셰프(Burnt)》 OST Love Like This

S#6

유럽 문화체험 음식부터 2

우리네 문화가 수요자와 공급자,
고객이란 이름의 소비자가 왕인 문화적인 범주에서 생활하다보니
종업원에게 'PLEASE'와 'EXCUSE' 그리고
그 중요한 'THANKS'의 언어적인 문화가 아직도
생활 속에 깊이 침투하지 못한 듯하다.
늘 그 부분이 아쉽다는 생각을 하곤 한다.

개인적으로 메뉴판을 보면서 음식을 주문하고 내 입맛에 맞게 먹기란 여간 어려운 것이 아니다. 외국인이 한국어를 읽을 줄 안다고 하자 아니, 메뉴판에 영어로 재료와 기타 음식에 대한 정보가 담겨있다손 치자, 돌솥비빔밥을 정성껏 해석하여 주문하고 그것을 고추장을 약간 넣어 비벼 먹는 것을 알기나 할까? 그리고 왜 이리 음식은 뜨거운지 아마도 감당하기 어려울 것이다. 결국 우리도 외국에서 음식을 주문해 먹는다는 것이 이와 마찬가지이다. 우리 수준을 뭐로 알고 그냥 적어 놓았다.

사실 메뉴판을 제 아무리 정성껏 제작했다고 하더라도 그 나라의 문화를 어찌 한두 줄의 단어 나열로 설명하고 이해 시킬 수 있겠는가? 일행 중에 한 사람이 이렇게 얘기한다.

"메뉴판 순서대로 시켜볼까요? 아님. 1, 3, 5, 7 혹은 2, 4, 6, 8 어떻게 나갈까요?"

극단적인 표현이 될지도 모르겠다. 바로 러시안 룰렛을 하고 있는 중이다. 주문대로 나왔는지도 사실 확인 불가능, 식탁에 차려진 음식은 어쨌든 종류와 가짓수는 맞다. 여행을 좀 다녀본 사람들은 이와 같은 행동을 하곤 한다. 6명이 테이블에 둘러앉아 3개나 4개의 스프를 시킨다. 그리고는 스프가 나오면 수저를 두 개 더 달라고 한다. 6개를 모두시켜 혹시 너무 짜다던가 하면 실패한 주문이기에 그렇다 한다.

왜 아니되겠는가? 필자의 경우 두 종류의 스프 혹은 샐러드를 주문해 음식향과 맛을 보기도 한다. 메인요리는 5개 서로 다른 요리를 시키기도 한다. 그런데 각각 본인 앞에 놓지 않고 우리식으로 중앙에 놓아달라고 어정쩡 부탁을 하고는 앞접시를 사람 숫자만큼 다시 별도 주문을 한다. 그리고는 사람 숫자 만큼 자르고 나누고 이 그릇 저 그릇 옮겨가면서 서로 나누어 먹는다. 유럽인들 식문화의 정서에는 이해가 불가능한 형태이다.

격으로 똘똘 뭉친 그들의 테이블 매너에서는 참 쉽지 않은 밥상 문화인 것이다. 잘났다 못났다의 잣대가 아니라 다르다의 기준으로 보아야 할 것이긴 하지만 좀 요란해 보이는 것은 사실이다. 그리고 우리네 문화가 수요자와 공급자. 고객이란 이름의 소

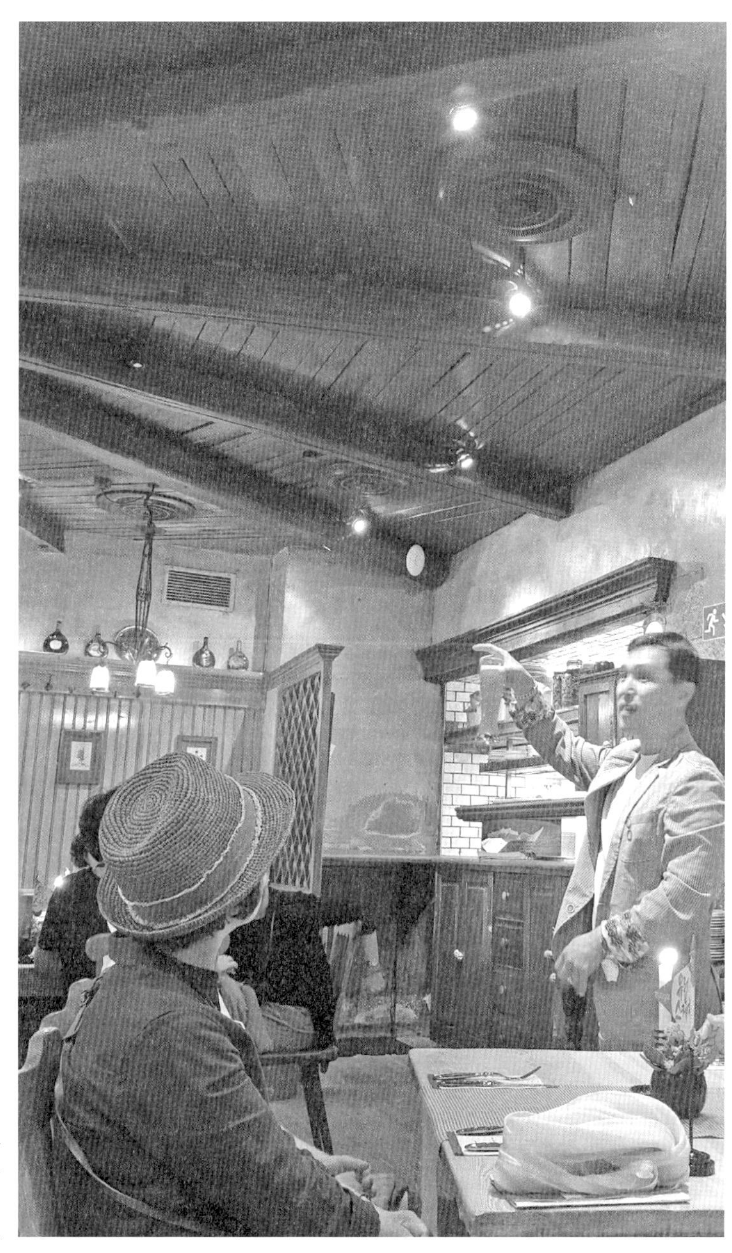

유럽의 식당 예절과
테이블 매너를
설명 중인
이대원 대표

1912년 아르누보(Art Nouveau) 양식으로 건축된 아름다운 카페 중 하나인 프라하 시민회관 카페

비자가 왕인 문화적인 범주에서 생활하다 보니 종업원에게 'PLEASE' 와 'EXCUSE' 그리고 그 중요한 'THANKS' 의 언어적인 문화가 아직도 생활 속에 깊이 침투하지 못한 듯하다. 늘 그부분이 아쉽다는 생각을 하곤 한다.

자, 이제 맛을 보니 전체적으로 짜다. 몹시 짜다. 먹지 못할 만큼 짜다. 유럽음식이 짠 이유는 몇 가지가 있다. 유럽은 전반적으로 아시아에 비해 기압이 낮아 저혈압 환자가 많다. 그래서 두통을 많이 호소한다. 염분기가 있는 음식은 혈관을 확장시켜 혈액순환을 돕는다고 그들은 생각한다. 또 역사적으로 소금은 병사들의 급료로 지불되었던 것이 사실이다.

샐러리(Salarium, 살라리움)는 솔트(salt)를 어원으로 하고 있다. 그 정도로 중요하다. 성 안의 높은 사람들이나 향신료와 소금에 절인 상하지 않은 고기를 먹을 수 있었다. 그것이 유럽인들의 습관 속에 남아 있다 보니 귀한 손님이나 친구가 오면 음식을 짜게 만들어 주는 것이다. 또 이들은 원활한 물류가 가능해지기 이전까지 유럽의 몇 장소에서 채취되었던 육염을 먹었다. 대표적인 장소로는 지명에도 남아있는 잘츠부르크(소금성)가 그렇고, 유네스코지정 자연 유산으로 지정된 크라코프의 소금광산이 있다. 합스부르크 제국이 바다를 끼지 않고도 커 나갈 수 있었던 것은 바로 소금이 나왔다는 이유도 필요조건에 해당된다. 바다에서 생성된 암염층이 대륙의 융기와 함께 해수면 위로 솟아올라 소금 산이 형성된 것이다.

그것이 오랜 세월 비와 바람을 맞으며 희석되었으니, 해염에 비해 농도가 떨어질 수밖에 없다. 그런데 음식 맛은 손맛이란 말처럼 육염을 넣던 행동이 있어서, 이제는 해염을 먹는데도 불구하고 아직도 습관적으로 많이 집어넣기도 한다.

편하게 이해하려면 우리가 맵게 먹는 것을 좋아하는 것과 같다.

우리는 왜 맵게 먹는가?

정신 번쩍 나라고?

알싸하니까?

습관적으로 그렇게 먹었으니까?

매워야 먹은 거 같으니까?

역지사지가 아닐까 한다.
분석하기보다는
그들은 그렇게 살고 있는 것뿐이다.

 영화 《브르고뉴 와인에서 찾은 인생》 OST Red Red Red Loic Dury

S#7

약방의 감초
와인 이야기

유럽인들의 식탁에서는 와인을 제외할 수 없다.
마치 한국인들의 식탁에 김치가 올라오는 것처럼
깍두기든 열무김치든 어떤 식으로든
밑반찬의 중심엔 김치가 있어야 한다.
유럽 음식이야말로 와인으로 시작해서 와인으로 완성된다.

유럽인들의 식탁에서는 와인을 제외할 수 없다. 마치 한국인들의 식탁에 김치가 올라오는 것처럼. 깍두기든 열무김치든 어떤 식으로든 밑반찬의 중심엔 김치가 있어야 한다. 유럽 음식이야말로 와인으로 시작해서 와인으로 완성된다. 화이트와인, 레드와인, 로제 와인, 샴페인, 물을 희석한 와인 어떤 것이든 와인이 목젖을 적셔야만 유럽음식은 궁합이 맞아간다.

이집트, 그리스, 로마를 거쳐 전 유럽에 확고부동한 위치를 차지한 포도주를 빼놓고는 유럽의 맛이 살아나지 않는다. 요즘 들어 국내에도 와인 애호가들이 늘고는 있지만, 와인을 고르는 방법, 와인을 주문하는 방법을 실생활에서 접근한 글을 접하기는 쉽지 않다. 연간 생산되는 와인의 종류가 워낙 많고, 그해

와인 투어로 유명한 포르투갈 포르투 와인 저장고와 외관

강수량과 햇볕의 강도 바람의 세기 등 조건이 다양하고 경우의 수가 너무 많아 프랑스에서 생산되는 것만으로도 전화번호부 만한 두께를 족히 몇 권씩 채우며 발행되고 있다. 우리가 그렇게까지 공부하고 접근할 필요는 없다. 프랑스, 이탈리아, 스페인 등등 어떤 와인을 구입하든 병에 이런저런 글자와 로고 기타 암호가 숨어있든, 일단 비싼 와인이 맛있겠지. 당연하다, 답은 나왔다. 비싼 걸로 사면 된다.

자! 아주 일반적이지만 실패하지 않는 몇 가지 방법을 살펴보자. 와인은 알코올 도수 11.5도부터 13.5도까지가 가장 흔하다. 그리고 연도가 오래될수록 비싸고 맛있는 건 아니다. 생산단계부터 1년 안에 소비를 목적으로 만드는 것들이 있다. 대표적으로 비엔나 그린찡 마을의 '호이리게' 햇포도주가 그렇고 프랑스의 '보졸레 누보'가 국내엔 좀 알려져 있다. 2년 3년 숙성 후 오픈을 계획하며 와인을 담근다. 아예, 명품으로 재배부터 계획된 와인들이 있다. 그중에 그해 여름비가 적고 태양이 많았던 해의 포도는 과일 자체가 좋았기에 와인의 향과 맛도 좋게 된다.

포도나무는 뿌리가 물에 약해서 물이 많으면 썩기 시작한다. 그래서 경사면에 많이 심게 된다. 그리고 경사면에 심으면 잎사귀들이 태양을 접하는 면적이 넓어져서 당도가 더욱 높아지게 된다. 배수가 잘되어 당도를 희석시킬 수분 공급이 적고, 잎

사귀들이 다른 나뭇가지에 덜 영향을 받으니 일조량이 더욱 증가하여 당도가 높아질 수밖에 없다.

가을이 되어 수확을 하고 나면 껍질과 알맹이를 함께 으깨서 발효를 시키게 된다. 그 과정에서 침전물이 생기게 되는데, 요즘은 필터나 거름종이가 워낙 발달하여 침전물을 잘 걸러내기는 하지만, 예전엔 확실하지 못했기에 병에 마지막 안전장치를 해 놓았다. 바로 병 아래쪽을 자세히 살펴보면 움푹 들어가 있는 것을 발견하게 된다. 병 밑이 엄지손가락마디 하나만큼이 들어가기도 하고, 어떤 것은 엄지손가락 두 마디가 모두 들어가기도 한다. 양은 겉에 750㎖라고 써 있다면 그 양이 모두 담긴다. 양을 속이기 위해 밑병을 움푹하게 한 것이 아니다. 예전에 어머니가 쌀을 일 때 이쪽 바가지에서 저쪽 바가지로 조심스레 살살 돌리면서 물을 이용해 겨처럼 작은 이물질은 물 위에 떠오르는 현상을 이용했고, 작은 돌은 쌀보다 무겁기에 마지막까지 조심스레 일다 보면 걸러지는 이치와 같다. 그래서 와인을 잔에 따를 때 마지막에 병을 살짝 돌리는 이유가 바로 혹시 모를 침전물이 병 안에 남아 있게 하기 위해 그들 나름의 방법이었다. 레스토랑이던 와인을 판매하는 어떤 장소이든 병 아래를 찔러 보라. 분명 더 많이 들어가 있는 것이 있다. 그것이 더 비싸고 더 맛이 보장된 와인이다. 결국 비싼 게 병이 더 움푹하다.

그런데 비슷한 가격에 분명히 병이 더 움푹한 것이 있다. 희한하게도 어떤 것은 30유로에 엄지 한마디 반이 들어가고 어떤 것은 25유로인데 엄지손가락이 모두 들어가고도 조금 모자란 경우를 어렵지 않게 발견할 수 있다. 부담 없이 약간의 견과류나 치즈와 함께 마시기에는 엄지손가락 하나 혹은 하나 반이면 훌륭하다. 부대찌개에 레드와인, 두부찌개에 화이트와인 전혀 상상도 안 된다. 사실, 일반 한국음식에 와인은 추천하고 싶지 않다.

우리 음식의 향이 포도의 향보다 훨씬 자극적이기 때문이다. 군고구마와 꼬냑, 소주와 네덜란드 치즈, 스테이크와 막걸리, 백김치와 위스키 서로간의 모독일 수 있다. 바로 음식의 궁합이 맞지 않다는 것이다.

영화 《로렌조 오일》 OST

S#8

참기름과 올리브
올리브유와 참기름

독일 쪽에서 체코로 넘나드는
거의 모든 지역에서 5월쯤에 장관이 펼쳐진다.
유채씨 기름은 식용으로 사용하기 위해서라기보다
더 값있게 판매할 수 있는 것이 바로 정밀기계나 항공기
혹은 선박의 베어링에 들어가는
혹은 유압으로 특수기계들의 실린더에
유채씨 기름이 사용된다.

올리브 나무는 신이 내린 선물이다. 올리브 나무를 처음 보게 된 한국인이 감람나무와 비슷하게 생겼다고 해서 한국에선 곧잘 감람나무로 소개되기도 하지만, 올리브 나무는 그저 올리브 나무이다.

대한민국에는 기후대와 식물 섭생군이 맞지 않아 키우기 어렵다. 올리브 나무는 그 열매에서 취하게 되는 기름으로 더욱 유명하다. 기름을 취하는 대부분의 종류들은 그 씨앗에서 얻게 되지만, 올리브는 그 열매에서 기름을 얻게 된다. 수확 철에 올리브 나무 사이를 걷게 되면 옷에 온통 기름이 묻는다. 하나 빨래만 하면 아무 걱정 없이 다 빠져나간다. 가스와 같이 그을음이 없이 완전연소에 가깝게 타다 보니, 로마와 터키의 지하 생

세월의 흔적이 느껴지는 올리브 나무, 스페인

활공간으로 시작되어 지금은 초기 기독교인들의 묘지인 카타콤베에 등잔불로 사용이 되었고, 제아무리 솜씨 좋은 주방장도 올리브유를 주지 않으면 단 하나의 음식도 만들 수 없을 정도로 유럽의 식탁에선 식재료로 중요하다.

엑스트라 버진이라 해서 처음 짜게 되는 올리브유를 뜻하고, 야채 샐러드에 직접 뿌리고 발사믹과 함께 약간의 소금을 넣어 먹는다. 열을 가하게 되면 콜레스테롤로 변해 건강에 좋지 않다. 열을 가하지 않아야 최고의 맛을 보여준다. 올리브유는 자신의 맛과 향을 낮추고 야채의 독특한 향과 맛을 전하는 데 일조한다.

올리브 나무는 크기가 크지 않다. 물론 관상용으로 키를 키우자고 들면 3, 4m 높이 올라가는 것도 있긴 하나, 키를 키우지 않는 이유는 수확을 용이하게 하기 위해서이다. 올리브 열매를 기계화해서 수확하기는 아직까지 가능치 않다. 열매가 대추만 하고 우리 김장을 담그듯 일정기간 쓴물을 빼고 이런저런 처리를 해야 하는 수고를 필요로 한다. 수확철에는 올리브 나무 밭에 촘촘한 그물을 바닥에 깔고 나무막대기로 가지를 훑으며 자연스럽게 떨어지는 올리브 열매를 수확한다. 대략 70%정도만 수확한다. 막대기를 이용해 억지로 떨어내려고 하지는 않는다.

일조량이 많은 스페인 남쪽에서부터 수확이 되다 보니 10월부터는 북아프리카에서 들어오는 선박에 대해 정밀 조사를 하진 않는다. 묵시적으로 저가의 노동력을 수입하는 방법으로 알제리, 모로코, 튀니지 쪽 사람들의 진출을 막지 않는다. 그 노동력이 남에서부터 스페인 북쪽으로 약 2개월간의 수확철 노동력을 제공하게 된다. 그들은 일 년 벌이를 두 달 동안 해서 좋고, 여타 유럽인들 또한 득이 많은 장사를 하게 된다. 그 이후 불법 노동자들의 행방을 스페인 정부에서 묵과하고 있다. 다름 아니라 그들은 스페인 땅에 있지 않고, 그들과 같은 말을 사용하고 있는 프랑스로 이주하게 된다.

북아프리카 대부분은 프랑스 식민지였기 때문에 그들은 돌아가 봐야 답이 나오지 않는 그들의 땅보다 3D 업종만이 그들의 일자리라는 걸 알면서도 유럽대륙에 남기를 희망한다. 그래서 프랑스를 여행할 때 특히나 대도시에 까만 피부의 친구들을 많이 볼 수 있게 된다. 요즘엔 국내에서도 쉽게 올리브유를 접할 수 있긴 하지만, 하나의 문화로서 올리브유를 이해하는 것도 좋을 듯싶다.

유럽의 물은 석회성분이 많아 나이가 먹으면서 다리가 코끼리처럼 붙는 현상이 쉽게 나타난다. 그것을 몇 천 년 극복하며 유럽대륙에 사람이 살게 된 것 또한 다름 아닌 올리브 기름이다. 석회성분을 체내에서 씻어내주는 역할을 올리브 기름이 많이 해 준다는 연구결과가 있다. 신은 공평하게 석회성분의 물과 올리브를 함께 주셨다. 그래서 우리에겐 금수강산을 주셨기에 올리브를 주지 않으셨는지도 모른다.

여기서 잠깐 민족 고유의 참기름을 잊어서는 안 된다. 우리 음식에는 그저 참기름이 최고이다. 올리브 기름이 좋다 하나 우리 토종 참기름을 배반하고서야 감칠맛이 나질 않는다는 것과 음식에는 궁합이 있음을 강조한다. 독일 쪽에서 체코로 넘나드는 거의 모든 지역에서 5월쯤에 장관이 펼쳐진다. 다름 아닌 유채 꽃밭이 넓어도 너무 넓은 지역에 경작하는 것을 보게 된다. 유채씨 기름은 식용으로 사용하기 위해서라기보다 더 값있게 판매할 수 있는 것이 바로 정밀기계나 항공기 혹은 선박의 베어링에 들어가는 혹은 유압으로 사용되는 특수기계들의 실린더에 유채씨 기름이 사용된다. 식용과는 비교도 될 수 없을 만큼의 좋은 값을 받는다고 한다.

그래서 땅 값과 인건비가 비교적 헐한 체코를 독일인들이 이용해서 경작을 하게 된다. 그리고 5월에는 유채를 경작하고 수확한 그 땅에 해바라기를 심는다. 5월부터 8월까지는 유채꽃과 해바라기를 동유럽 쪽에서 많이 보게 된다. 물론 꽃의 도시 피렌체도 빼놓을 수 없지만, 그 면적에서 동유럽을 따라 갈 수가 없다.

유채꽃이 재배되는 평야, 체코

영화 《식객》 OST 김치전쟁 김승현

S#9

김치 꿀맛?
남들은 죽을 맛

어설픈 설명을 들은 기사 왈
한국은 얼마나 먹을 게 많았으면 다음해 농사에 필요한 씨앗을
음식으로 사용할 수 있냐며 놀라워했다.
그 해석을 들은 나와 손님들이 더욱 놀라워했다.

집을 떠나 여행을 하며 그 며칠간의 식사 문제로 몇몇 찬을 준비해 가는 여행객이 있다. 냄새가 심하게 나지 않고 현지 이동 간에도 부패 정도가 심하지 않은 통조림 깻잎이나 낱개 포장의 김을 들 수 있다. 튜브타입 고추장도 아주 요긴하게 사용된다. 그런데 굳이 포장용 김치를 가져오는 경우가 있다. 항공기 기내압(해발 2000m 유지)과 따뜻한 차내 온도 등의 보관 여건으로 여행 삼 일째가 넘어가면 임신 8개월 산모 배처럼 아름다운 곡선을 보여준다.

시간이 흐를수록 점점 배가 더 커진다는 게 문제이다. 안하무인의 무식함으로 밀폐된 현지 식당(만약에 에어컨까지 작동 중이라면 최악의 사태발생)에서 포기김치를 개봉하게 되면(11년간의 가이드 생활 중 두 차례 경험) 현지 식당의 냄새와 뒤섞이며 우리도 맡기 힘든 쉰내가 나게 된다.

오랜 시간 맛과 이야기를 이어가는 카페, 프랑스

글로 표현하기 불가능한 화학탄에 가까운 냄새가 삽시간에 주위의 모든 시선을 공포로 몰아넣는다. 식당 매니저는 이리저리 날뛰기 시작하고 종업원들은 초유의 사태를 어찌 대처해야 할지 난감해 하는 그 짧은 순간, 김치를 먹겠다는 일념으로 일을 내고야만 장본인조차 이토록 일이 커질지 몰랐다는 표정으로 단테 〈신곡〉지옥편의 누군가의 표정을 짓게 된다. 파리에서는 필자가 가까이 위치해 있어서 재빨리 화장실 변기를 이용해 몇 차례 물을 내리면서 처리하고 정중한 사과와 현지 손님들께 매니저를 대신하여 다시 한 번 사과를 하는 선에서 천만다행으로 마무리가 되었다. 그런데 베네치아에서는 늦은 처리시간과 더운 여름철 에어컨 가동 등 몇 가지 일이 순간적으로 맞물리고 설상가상으로 뻔뻔한 장본인의 행동으로 인해 식당에서 쫓겨나는 일이 있었다.

그 사건 이후 같은 식당을 이용한 적이 몇 차례 더 있었다. 지금은 매니저와 다시 친해져서 농담을 주고받기도 하지만 그날과 유사한 일이 발생하면 자기는 테러에 준한 대처와 처리를 할 거라고 단호히 밝히며 얼굴이 굳어지곤 한다. 워낙 혹독한 기억이라 잊을 수 없다는 말을 강조한다. 한국인의 여행 경력이 좀 더 쌓이면 분명히 좋아질 문제이긴 하지만 현장맨으로서 애로사항이 있다.

'아' 다르고 '어' 다르다는 우리말처럼 일방적으로 고객을 가르치려 들 수도 없고 현지인들에게 이해해 달라고 말하는 것도 어느 선이지, 중간자적인 입장에서 곤혹스러울 때가 있다. 여행객 스스로가 느낄 수 있게 안배하는 수밖에 없다.

4년 넘게 행사를 함께한 '막시모'라는 이탈리아 버스 기사가 있다. 현재는 5대의 버스를 소유한 어엿한 사장님으로 지금도 그중 한 대는 스스로 운전을 하며 성실함을 보이고 있다. 귀감이 되는 인물 중 하나이다. 한국인에 대한 애정이 기사와 손님 간에 일반적인 수준을 넘어서 멋진 서비스와 여행의 만족도라는 부분에서 최선을 다하는 멋진 기사님이다.

전화벨이 울리면 "프론트"라는 이탈리아어가 아닌 "여보세

요."라고 할 정도로 위트도 있는 사람이다. 차 안에서 오징어나 건어물을 누군가가 먹으면 일반적인 기사들은 기겁을 하며 경고를 하던 심하면 차를 세우는 액션을 취하기도 한다. 그런데 막시모 기사는 땅콩에 싸서 달란다.

이 얼마나 한국인을 이해하는 행동인가. 한번은 깨를 볶아와서 일행들에게 아침마다 한 스푼씩 나누어 주시는 분이 계셨다. 근데 꼭 차 안에서 나누어 주셨다. 기사가 도대체 저건 뭐냐며 작은 양인데도 어쩜 차 안에 이토록 희한한 냄새를 풍기냐는 것이다. 떨어지면 잘 쓸어지지도 않는다고 불평을 했다. 화학조미료와 다르게 한국 순수의 자연 조미료라고 설명하고, 씨앗을 볶았다는 이야기를 해 주었다.

어설픈 설명을 들은 기사 왈 한국은 얼마나 먹을 게 많았으면 다음해 농사에 필요한 씨앗을 음식으로 사용할 수 있냐며 놀라워했다. 그 해석을 들은 나와 손님들이 더욱 놀라워했다. 그런, 막시모조차도 도저히 참을 수 없는 사건이 터지고 말았다. 모 회사의 포장 김치가 이탈리아의 더운 여름과(섭씨 40도 이상)과 달리는 차 안 화물칸의 온도를 이기지 못하고 그만 터져 버리고 말았다.

'뻥' 소리와 함께 모든 승객이 타이어를 생각했으나 10초도 지나지 않아 모두 그보다 더 큰 문제의 발생을 염두에 두며 모두 코를 막았다. 나도, 막시모도 이 상황을 어찌해야 할지 난감해하며 솔솔 퍼져가는 냄새의 원흉을 제거하고자 가까운 휴게실에 차를 세웠다.

대형 버스 짐칸 문을 열자 냄새는 더욱 확산되었고 어느 가방인지는 코가 안내해 주었다. 문제의 김치가 터진 듯한 가방을 열자 "오 마이 갓!" 모든 옷 가지와 소지품은 홍콩 르느아르 영화의 어떤 장면을 연상시키듯 붉은빛으로 물들어 있고 냄새는 이미 사람이 맡기에 버거운 상황을 연출했다. 도저히 이 짐을 싣고는 운행을 할 수 없다며 정중하게 짐을 포기하던지 자기가 차를 포기하던지 하겠다며 차에서 멀리 떨어졌다.

기사를 진정시킨다고 이런저런 얘기를 하고 있는 사이, 아뿔싸!! 손님은 손님대로 옷을 물로 헹구어 보겠다며 휴게실 화장실로 향하는 것을 막지 못했다. 휴게실에서 사람들이 마구 나오는 것이 아닌가! 진퇴양난, 손님도, 나도, 기사도, 망연자실할 수밖에….

비닐봉투를 구해서 싸고 또 싸고 또 싸서 결국은 쓰레기통에 몇 벌의 옷을 버릴 수밖에 없었다. 기사가 워낙 단호하게 화를 내는 통에 어쩔 수 없었다. 나는 천만 다행으로 여긴 것이 만약에 호텔방이나 로비에서 이와 같은 일이 벌어졌다면 어찌되었을까 생각하며 아찔함을 느꼈다. 호텔에선 한국 단체를 받지 않을 테고 그 직원의 친구가 있는 호텔도 마찬가지일 테고 일파만파, 그러면서 여행의 내공이 쌓이는 게 아닌가 싶다.

City of Night
Pink Martini

S#10

음악이 흐르는 화장실

참, 달라도 너무 다른 문화이다.
이베리아 반도(스페인, 포르투갈)를 제외하고는
이제 그 어떤 유럽의 나라 고속도로 휴게실도
이용료를 내야 한다.

참, 달라도 너무 다른 문화이다.

이베리아 반도(스페인, 포르투갈)를 제외하고는 이제 그 어떤 유럽의 나라 고속도로 휴게실도 이용료를 내야 한다. 금액이 정해져 있는 것은 아니다. 1유루에 4명 정도가 이용할 수 있다. 독일의 고속도로 휴게실이나 이탈리아의 대표적인 관광지에는 0.50유로. 다시 말해 1유로에 2명밖에 이용하지 못하는 곳도 있다. 1유로에 1천300원을 잡으면 650원을 내야 화장실을 이용할 수 있다는 말이 된다.

10년 전만 해도 휴게실에서 팁 개념의 유료 화장실은 없었다. 통독 이후 동독지역 사람들이 휴게실 청소를 해주겠다며 잔돈 몇 푼 받겠다는 명목으로 슬금슬금 아우토반 주변에서부터 확산되더니, 동유럽(유고, 슬로바키아, 루마니아 등) 사람들이

거리의 음악 화장실, 프랑스

유입되면서 이제는 전 유럽에 확산되었다고 해도 과언이 아니다. 깨끗하게 유지되는 것은 사실이다. 화장실을 항상 청결하게 지속적으로 관리하는 것은 우리에게 아주 유익하고 쾌적한 시간을 보내게 해 준다.

그런데 한국 고속도로 휴게실에 익숙해져 있는 관광객들은 어색하고 아깝다는 생각에 처음엔 짜증을 내며 별별 궁리를 다 한다. 특히나 동전이 없을 때는 5유로나 10유로짜리 지폐를 내면서 잔돈을 거슬러 올 수도 없고 하니 아주 난감해 할 때가 있다. 무료 화장실이 없는 것은 아니다. 그런데 지저분하다. 남자들은 어찌어찌 대충할 수 있으나, 여성들은 아주 곤란하단 말을 자주 듣는다. 그로 미루어 보아 여자화장실 쪽이 훨씬 애로사항이 있는 것 같다.

유럽은 푼돈이든 큰돈이든 돈 값을 하는 나라이다. 이탈리아뿐만이 아니라, 스페인계 모두 공통으로 사용하는 단어가 있다. '삐삐', 핸드폰이 나오면서 기술적 진보에 밀려 조용히 퇴출된 삐삐, 바로 소변을 뜻한다. 결코 슬랭화된 저급 언어는 아니다. 물론 고급언어도 아니긴 하지만 드물지 않게 들리고 사용한다.

그런데 조심할 것이 있다. 바로 대변을 '까까' 라고 부른다. 우리 아기들과 다르게 유럽의 아기들은 유모차 안에 있건 아장아장 걸어 다니든 눈도 크고 생김이 우리와 다르다 보니 무척

예쁘고 귀엽게 생긴 게 사실이다. 사랑스러운 눈길로 머리를 쓰다듬어 주고 사진을 찍고 하다가 "까까 줄까!"라는 말이 나오면 그 부모들은 아연실색한다.

파리에는 동전을 넣고 사용하는 무인 유료 화장실이 도심 이곳저곳에 설치되어 있다. 한번은 배낭행사를 하다가 부득불 무인 화장실을 이용해야 할 긴급 상황이 벌어졌다. 화장실 안에서는 잔잔하게 물 흐르는 소리와 함께 모차르트의 음악이 흘러나오고 있었다. 그러나 소식이 올 듯 말 듯 사람 힘 빠지게 만들었다. 드디어 소식이 와서 모두가 하는 그 행동에 집중하고 있는 순간, 음악이 끝나면서 아뿔싸 화장실 문이 열리는 것이 아닌가. 그 절체절명의 순간은 닥쳐 보지 않은 이는 상상하지 마시라.

그런데 화장실 불이 꺼져서는 켜질 생각을 하지 않는다. 음악도 없다. 밀폐된 어둠 속에서 습관적으로 조심조심 나머지 과업을 수행하고, 옷을 모두 추스르고 더듬더듬 문을 열려 했으나, 전혀 미동도 않는 것이다. 일정시간이 지나면 문이 열리고 몇 초 후에 자동으로 닫힌다는, 바깥쪽에서 동전을 넣어 문을 열기 전에는 열리지 않는다는 사실을 나중에 알았다.

처음에는 그렇게 설계되지 않았는데, 노숙자들이 무인 화장실을 점거하고 동전 몇 닢으로 세수에, 면도에 세면 세족을 모두 하는 통에 설계 변경되었단다. 어쨌든 그런 사실이 동전 넣는 쪽에 매뉴얼처럼 써 있다. 물론 불어로…. 필자의 경험과 유사한 경험을 하신 분들은 이 심정을 이해하리라. 어쨌든 깨끗했던 것은 사실이다. 그날 이후 코인 화장실만 보면 혼자 배시시 웃고 만다.

영화 《본 아이덴티티》 OST Main Titles John Powell

S#11

대중교통과 불시검문

그때 걸리면 그 어떠한 변명도 용납되지 않는다.
일회권에 대략 30배에 해당하는 금액을 벌금으로 납부하게 된다.
망신을 당하는 것은 옵션처럼 따라붙는다.

서울면적에 절반 정도 되는 프라하에 지하철과 트램(노면전차), 그리고 시외버스 개념의 굴절 버스가 다닌다. 지하철은 우리와 역사가 같다. (1968년부터 5년간의 공사끝에 1972년에 A, B, C 세 개의 노선이 50개의 정거장을 갖고 시작된다.) 그리고 트램은 고종이 러시아 공사관으로부터 전신전화 사용하던 시절로 거슬로 올라간다.

무려 100년의 역사를 자랑한다. 지금도 히스토릭 트램이라고 해서 관광용으로 다니고 있다. 악사를 태우기도 하고 샴페인과 음료를 제공하기도 하면서 야외 건축박물관 이곳저곳을 50분 정도 달린다. 이것을 이용하면 프라하의 진면목을 앉아서 편하게 즐길 수도 있다. 그리고 트램과 지하철이 끝나는 종점이나 주요 환승역 주변에서 시 외곽으로 다니는 버스가

대중교통과 관광용으로 주가를 올리고 있는 노면 전차 트램, 체코

운행된다. 인구 140만의 도시치곤 상당히 유기적으로 잘되어 있다.

대중교통이 잘되어 있고, 특히 주차난이 만만치 않다 보니 프라하 시내에 거주하면서 출퇴근을 차량으로 하는 것은 썩 좋은 선택이 아니다. 대중교통의 특징 중 들고 나고에 검표가 없다. 기사님은 그냥 안전하게 운전만 한다. 회수권 개념의 낱장표와 일 일권, 한 달권, 삼 개월권, 일 년권 이런 식으로 정액권이 아닌 정기권이 있을 뿐이다. 정기권들은 환승의 횟수와 버스, 지하철, 노면전차(트램) 모두 가능하다. 시외가 아니라면 탑승 및 환승이 가능하다. 참 자유롭고 시간적으로도 이용객들의 편리성에서도 좋다고 본다.

그럼 어떤식으로 컨트롤을 할까? 바로 불시검문을 한다. 마패 같은 것을 들고 "교통국에서 점검입니다."라고 말하면서 통상 2인 1조 이상으로 다닌다. 정복조도 있고 사복조들도 있다. 지하철의 경우 4, 5명이 조직적으로 환승 통로를 막고 눈에 힘 빡주고 검표한다. 그때 걸리면 그 어떠한 변명도 용납되지 않는다. 일회권에 대략 30배에 해당하는 금액을 벌금으로 납부하게 된다. 망신을 당하는 것은 옵션처럼 따라붙는다.

2인 1조로 다니는 그들이 대략 4개국어 이상을 한다. 한 사람이 영어, 독어 다른 검표원이 불어, 스페인어 체코어는 당연하다. 아, 한국어는 못한다. 땡칠이 노릇과 모르쇠 버전으로 우기면 될 듯 하지만 분위기가 그게 아니다. 가뜩이나 큰 사람들이 상공에서 쏘아보는 포스가 만만치 않다.

자유로운 이용에 따른 책임을 제대로 부과한다. 선진 시민 의식이다. 학창 시절에 10매짜리 회수권을 11장 잘라서 써본 기억이 아련하다. 정기권을 가지고 있는데, 깜빡하고 집에 두고 이용하다가 검표에 적발이 되면 그 자리에서 벌금고지서를 발부 받고, 혹은 현찰 지불하고 정기권과 벌금 영수증을 가지고 시내에 위치한 교통국에 가서 이의를 신청하고 일정금액을 환불 받는 제도도 있다.

대중교통을 이용하는 시민들의 의식수준을 살펴보면, 우리나라의 노약자 지정석 비슷한 것이 있다. 출입문 주변 가까이에 노약자석이 몇몇 그림으로 표시되어 있다. 특히나 유모차를 대동한 여성분이 탑승하면 누구라 할 것 없이 참 열심히 거들어주고 자리 양보는 기본이다. 어르신들에게도 참 기분 좋은 미소와 함께 자리양보를 하는 모습을 쉽게 볼 수 있다. 종종 아예 자리를 비워두고 이용하지 않는 모습을 보게 된다. 내용을 보면 이들의 이동거리는 우리나라처럼 길지 않다. 그렇기에 앉아서 이동하는 것에 우리처럼 집착을 하지는 않는 듯하다. 트램도 종점에서 종점까지 가 봐야 40분 넘는 것이 거의 없고, 지하철 역시 40분이 넘지 않는다. 이들의 이동거리는 시간으로 대략 20분 미만의 생활공간이기에 우리가 보기에 여유있는 양

보문화가 자리할 수 있지 않았을까? 크게 붐비지 않는 도시와 인구 비례를 가지고 있으니 그 또한 생활패턴에 우리와는 다를 수 있는 양식이 보이는 것이라 할 수 있겠다.

사회와 문화현상을 결과만을 보고 그것이 형성될 수밖에 없는 혹은 되어가는 과정을 놓쳐서는 안 된다. 매 대중교통마다 비용 지불과 확인에 따른 장치 설치비와 직원 운영 비용을 생각하면 유럽의 몇몇 예도 보고 배울 점이 있다.

영화 《제이슨 본》 OST Extreme Ways John Powell

S#12

유럽에서는 자동차 바퀴를 자주 간다

하중과 진동에 의한 충격파가 도로를 통해
이어진 인도와 벽을 타고 올라가며 미세한 균열을 만든다.
그런데 세로로 길게 박아 넣은 대리석은
그 전달을 상당부분 단절시킨다.

유럽의 여러 도시들과 작은 마을들도 도로 포장방법이 예스럽다. 몇백 년 전 혹은 천 년 전쯤에 깔아놓은 대리석 마차 길을 그대로 지금도 사용하고 있다. 밀라노, 로마, 피렌체, 아시시, 베네치아, 베로나, 나폴리, 소렌토, 폼베이, 오르비에또, 오또, 볼로냐 기타 등등 도로의 50%가 넘게 30㎝이상 세로로 박아넣은 대리석을 이용한다.

옛날 마차 길 위에 아스팔트 포장을 하지 않고 사용한다. 현대화된 자동차 바퀴도 덜덜거리며 노면의 불규칙함을 차축에 그대로 전달한다. 좀 빠른 속도로 가려 하면 그 충격으로 소음도 만만치 않다. 고속도로와 산간도로에는 뛰어난 기술력으로 탄탄하고 미끈하게 자동차와 사람에 안전한 포장을 해놓고 왜, 유독 도심중앙, 중심성당이나 볼거리가 있는 관광지도로는 걷

대리석 조각으로 울퉁불퉁 포장된 길, 포루투갈

기에도 불편한 옛 대리석 길을 덧씌움 없이 그냥 사용하는가? 답은 건물에 있다. 몇백 년 전 혹은 천 년 전 건축물에는 진동으로 영향을 미칠 만한 것이 없었다. 건물 옆을 지나가는 마차라고 해도 이륜마차, 혹은 당나귀에 짐수레가 고작이었으리라. 그것도 느린 속도의 진동으로 하지만 지금은 어떤가? 차체 무게만 해도 수십 톤이 나가고 사람을 사오십 명씩 태우고 짐을 또 그만큼 싣고 천년 전 건물 옆을 내달린다.

하중과 진동에 의한 충격파가 도로를 통해 이어진 인도와 벽을 타고 올라가며 미세한 균열을 만든다. 그런데 세로로 길게 박아 넣은 대리석은 그 전달을 상당부분 단절시킨다. 끊어지고 이어지고 끊어지고 이어지기에 파동이 건물에 직접 전달되지 않는다. 자동차의 타이어와 완충부분의 스프링에는 치명타일지라도 수백 년, 혹은 천 년 이상의 건축물을 보호하자는 것이다.

결코 조상을 잘 만났기에 관광수입을 올리는 것만은 아니다. 후손들의 배려와 불편을 감내하는 인내심도 높이 사야 한다. 또 다른 측면에서도 그들의 문화재에 대한 이해를 도울 만한 사실 하나 더, 지중해성 기후의 특징 그대로 한여름 이탈리아는 40도를 넘기는 날도 제법 된다. 그런데 에어컨 보급률이 높지 않다. 습도가 높지 않아 그늘에 가면 살 만하기 때문이다. 같은 이유로 집 내부에 천장도 우리보다 50㎝ 이상 높다.

모든 건물의 창은 방향에 관계없이
'세란다' 라 불리는 햇볕가리개가 반드시 있다.

우리나라 주택에는 없는 것이기에 예를 들자면 상가에 셔터문처럼 꼭 맞게 내부를 보호해 주는 창밖의 덧문을 말한다. 주로 목재를 사용하는 것 같지만, 철 혹은 알루미늄도 곧잘 사용한다. 그런데 모두 나무 색깔을 칠해서 외장으로는 목재질감을 낸다. 우기인 겨울에는 비와 찬바람으로부터 내부를 보호하는 역할을 하기도 한다.

내부가 돌 건물이라 큰 효과는 없다. 한낮의 시에스타(낮잠과 식사시간) 타임에는 세란다를 내려 어둡게 해 놓고 맛난 낮잠을 즐기는 데도 아주 유용하게 사용한다. 한낮의 태양이 온통 돌 건물인 그들의 집을 확실히 덥혀 놓기 때문에, 출근하면서 깜박 잊고 내려놓고 가지 않으면 퇴근해서 잠을 이룰 수 없을 정도로 내부 온도가 올라가 있다. 이런저런 이유로 에어컨 보급률이 늘어날 만도 한데 좀처럼 늘지 않는다. 그들은 이렇게 애기한다.

"난 100년을 못 살고 이 건물은 수백 년이 되었는데 이곳에 구멍을 뚫어 에어컨을 설치하고 외기를 달아 이 건축물에 흠을 내고 싶지 않다…."고.

이쯤 되면 그들을 불쌍하게 생각해야 할지 아님 옛것에 대한 사랑에 두 손을 들어야 할지 많은 생각을 하게 만든다.

영화 《300》 OST Rise of an Empire Junkie XL

S#13

신성 로마제국

합스부르크는 신성로마제국을 스스로 해체를 명하여
유럽대륙에 신성 로마제국의 독수리 문장은
이제 시청과 성, 성당에 내외벽을 장식하고
많은 디자이너들의 상상을 자극하는 심볼로 남아 있다.

어째서 유럽은 그토록 독수리 문장과 깃발을 사용하고 싶어 했을까?

개개인이 무엇인가에 광적인 집착을 보이는 것은 간혹 볼 수 있다. 혹은 한 집단이 한 시기를 통해 염원하고 갈망하는 대상이 있기도 하다. 그런데 집단적으로 그 오랜 세월을 두고 로마, 로마 하는 이유는 무엇일까? 로마는 하루아침에 이루어지지 않았다.(어떤 문명도 하루아침에 뚝딱 만들어지는 법은 없다.) 모든 길은 로마로 통한다.(지구는 둥글기에 결국 통한다.) 로마에 가면 로마법을 따르라.(법의 존엄성 때문일까? 잘 만들어진 법 체계 때문일까?) 로망스(사랑이 아니라 로마시민이 되고 싶은 염원), 로맨틱가도.(사랑스런 길이 아니라, 로마 병사들이 건설한 도로를 지칭한다.) 주사위는 던져졌다.(전 세계 카지노에서 매일 던진다.) 누구도

기차역 내 시간의 흔적을 이야기해 주는 푸른색 타일벽화, 포르투갈

상기 글들을 여러 차례 들었으리라.

인구에 회자될 만큼, 자신들의 역사를 기록하고 전파했고 승자의 시선으로 자신의 역사를 주장했기에 영속의 생명체처럼 지금까지 기억되는 게 아닐까? 저잣거리 잡배 몇이서 작당을 펴는 것을 우리는 협잡이라 한다. 그것의 짜맞춤이 아둔하고 발상이 어눌하면 귓등으로 흘리고 만다. 그런데 그 스토리와 실행에 있어서 앞뒤가 잘 맞고 성공할 때는 당한 쪽에서는 음모와 모략이라 하지만, 성공하여 승리를 쟁취한 쪽에서는 협약, 동맹, 조약 따위라 칭한다. 그때 종교계 인물이 함께 자리했다면 신성이 되는 것이다. 더없이 기막힌 연출에 신성한 협약, 동맹, 조약이 되는 것이다. 이름하여 신성동맹. "신은 그것을 원하신다." 우루바노스 2세 교황(1088년 선출)로 시작된 200년간 8차례의 십자군도 그 맥을 함께한다.

훈족의 대이동, 훈족이 고트족을 밀고, 고트족은 게르만을 밀어 게르만의 대남하로 로마제국 붕괴, 학창시절에 열심히 외웠던 민족 대이동, 베르디 오페라 '훈족의 왕 아틸다' 가 생각난다. 오페라에 주연으로 등장할 만큼 카리스마 넘쳤던 인물, 역사 속 인물로 당시 두려움의 대명사였건만 그로부터 영향 받아 게르만의 오토대제에 의해 로마제국은 붕괴한다. 그런데 칼로 흥한 자 치곤 현명하게 통치 체계의 필요성을 느끼게 된 그들은 가톨릭을 이용하게 되고, 그 후에 '카노사의 굴욕', '아비뇽 유수'로 대립되는 교황권과 황제권의 다툼 속에 로마제국이란 이름에 신성을 붙이면 천하무적이 됨을 인지하게 된다. 명분이 신에 닿아 계시로 둔갑하니 그 이상 좋은 통치 이념이 또 어디 있겠는가? 1789년의 프랑스 파리 대혁명으로 대중의 의식이 진일보하기 전까지 교황권은 왕과 황제들에게 파문이란 무기와, 일반인들에게는 마녀사냥이란 미명하에 신성을 더욱 공고히 했음을 부인할 수 없다. 세속에 자잘한 그 어떤 권력이 신성에 닿을 수 있겠는가? 간혹, 신성로마제국을 땅을 갖은 세속적인 황제의 관으로 생각하곤 한다. 그것은 토지도 백성도 시기도 불분명한 명분의 관이었다. 신성로마제국을 정확히 이해하기 위해서는 질문의 방향성에 시대라는 시점을 반드시 함께해야 한다.

몇 세기 신성 로마제국을 알고 싶어 하는가? 시점이 빠진 신성 로마제국이란 광의의 질문으로는 그 어떤 답도 끌어낼 수 없다. 신성 로마제국은 영토도 제왕도 항상 시점에 따라 변화되었다. 황제권을 교황의 임명에서 선출로 바꾸면서도 스스로의 권위를 더욱 공고히 함으로써 중세시대 유럽의 결속력을 표면적으로나마 유지했던 것이다.

이와 같은 신기루이기에 더욱더 신성 로마제국의 관을 쓰고 싶어 했는지 모르겠다. 절대권력의 반지처럼, 독수리 깃발을!

제국 합스부르크에 옮아와 있던 신성로마제국 깃발을 보불전쟁 당시 나폴레옹에게 주기 싫었던 합스부르크는 신성로마제국을 스스로 해체를 명하여 유럽대륙에 신성 로마제국의 독수리 문장은 이제 시청과 성, 성당에 내 외벽을 장식하고 많은 디자이너들의 상상을 자극하는 심볼로 남아있다.

통치이념으로 신성처럼 향기 나는 것이 또 있겠나,
그것이 지금은 무엇으로
우리의 앞에 남아 있는지 생각해 볼 뿐이다.

영화 《유스(Youth, La giovinezza)》 OST David Lang

S#14

붉은 목초지, 붉은 피

백년전쟁, 장미전쟁 등의 많은 내전,
위그노당 숙청, 종교개혁, 그 여파 30년전쟁 등
기타 혁명 등의 중세 숱한 전쟁에는 용병 바바리안들이 있었다.

이름만으로도 설레는 몽블랑, 융프라우, 필라투스, 티틀리스 등 오염되지 않는 자연환경, 천혜의 관광자원, 맑은 물, 맑은 공기, 웅장한 알프스, 낙농국가, 정확한 시계처럼 움직이는 친절한 국민, 정밀기계 등등…. 국토의 80%가 알프스 산악으로 이루어진 아니 나라가 알프스 그 자체인 스위스!

인간이 만든 제아무리 훌륭한 건축물과 시스템도 신의 창조물 앞에서는 작아도 너무 작아 감히 비교하기에 송구하다. 천여 개가 넘는 호수를 가진 나라, 4천m 이상 영봉을 갖고 있기에 호수의 해발고도 또한 다양하게 나타난다.

“그림처럼 아름다운”이란 표현이 잘 어울리는 나라, 호수 높이의 차이가 자연 낙차를 발생하니 곳곳에 크고 작은 수력발

광활한 초원과 산 그리고 구름, 스위스

전소가 있다. 알토란같이 근면하게 일하고, 성실하게 미래를 대비하는 민족이다 보니 GNP, GDP, 복지수준, 실업률 기타 등등의 경제지표에서도 단연코 최고 수준의 선진국이라 할 수 있다.

"복 받은 나라야!", "그림같이 아름답잖아!" 세계인의 부러움의 대상이다. 자, 이 그림처럼 아름다운 스위스의 오늘이 있기까지를 살펴보자. 21세기의 버전에서 그들을 보지 말고 더도 말고 200여 년 전의 나폴레옹 시절로만이라도 뒤로 돌려보자. 이탈리아를 침공하러 포병부대를 이끌고 알프스를 넘으며 "내 사전에 불가능은 없다."라고 외친다. 지금의 도로도 산맥을 뚫고 나있는 17.8km(샤모니에서 밀라노 방향)짜리 터널도 없었다. 18km가 넘는 고타르드 터널(융프라우에서 밀라노 방향)도 없었다. 연중 3개월은 폭설이고 3개월은 그 눈이 오기 전과 후의 일기를 보인다. 토끼 한 마리 잡기에도 벅찬 날씨가 연중 절반이다. 눈 덮인 산속에서 그들은 바바리안(야만인)이라 불리며 지금껏 그 땅을 지키며 호전적인 민족성으로 거친 자연 앞에 묵묵히 그 고통을 감내하며 살아왔다. 산업혁명 이전까지 바바리안들의 주 수입원은 용병이었다. 백년전쟁, 장미전쟁 등의 많은 내전, 위그노당 숙청, 종교개혁, 그 여파 30년전쟁 등 기타 혁명 등의 중세 숱한 전쟁에는 용병 바바리안들이 있었다.

대표적인 예로 1789년 파리대혁명 당시 베르사유에서 죽어간 170여 명의 용병 또한 스위스인들이다. 십자가로 상징되는 스위츠랜드의 방패를 앞에 두고 튤립왕가(부르봉 가문)의 방패를 죽어가면서까지 지켜내고 있는 용맹한 스위츠랜드 용병의 사자 조각상(루체른 소재-빈사의 사자상)의 관광지 한복판에 새겨져 있다. 바스티유 감옥을 점령한 피를 보고야만 수만의 파리 시민혁명군 그들 앞에 루이 16세와 합스부르크 가문의 딸 마리 앙투와네트 왕비를 지키려는 용병들의 의지는 결국 몰살이란 결과로 역사 속에 드러난다. 아무리 용맹스럽고 잘 훈련받았다 하더라도 프랑스 시민군 숫자와 혁명이란 광포한 광기 앞에 내 나라 왕조도 아닌 남의 나라 왕조를 위해 그토록 철저히 죽음 앞에 초연할 수 있었던 것은 그들의 고국 알프스 산속으로 돌아가도 척박한 환경에 아무것도 해보지 못하고 죽어갈 수밖에 없는 혹독한 자연이 기다리고 있기 때문이었다. 이와 같은 사실은 유럽사 여러 곳에 나타난다. 그래서 지금도 로마 교황청을 지키고 있는 군인들은 스위스인들의 신의와 용맹성을 역사 속에서 인정하여 상징적인 방위를 맡기고 있다.

바바리안의 땅 알프스 그곳에 볕이 들기 시작한 것은 산업혁명과 시기를 같이한다. 기존 가치관의 붕괴, 사회적 혼란, 정신적 일탈, 엄청난 자본과 발전 속에 인류사에 처음으로 '환경'이란 단어가 등장하게 된다. 거대 자본가의 탄생 그들 주변에서 단물을 빨아 먹는 이들의 숫자가 많아지면서 좋은 공기, 맑은 물을 찾게 된다. 런던 스모그는 템스강의 안개가 아니다. 산업혁명시기에 공장굴뚝의 매연이 낮은 기압의 아래쪽으로 몰려 생기게 된 현상이다. 그들의 눈에 홀로이 지금껏 버려져 있던 알프스가 보이게 된다.

남의 나라 용병생활만이 주 수입원이던 바바리안들에게 알프스 개발이란 큰 꿈을 갖게 된다. 목숨을 걸고 큰 꿈을 그리는 그들앞에 알프스는 도전 가능한, 정복 가능한 대상으로 다가선다. 아니 그들은 만들었다. 해발 3천 6백m까지 철길을 뚫었다. 백 년 전에 나무를 베고 바위를 깨고, 암을 뚫어 철길을 냈다. 큰 꿈을 꾸었고 그들은 해냈다. 살기 위해 해냈다. 그들이 이루어 낸 것은 유럽의 지붕 융프라우의 전망대가 아니라, 바바라안이 이번 세기에 살아 갈 수 있는 터를 만든 것이다. 스위스의 푸른 목초지 그 어느 곳에도 그들의 피와 땀이 배어 있다. 스위스의 그림 같은 모습에서 반드시 큰 꿈과 붉은 피를 보기 바란다. 아픈 역사를 딛고 일어선 그들을 마음으로 존경하게 된다.

샤모니 쪽에 브래방이란 곳을 올라가다가 그곳 역무원에게 들은 이야기가 생각난다. 자신들은 신이 내린 사람이기 때문에 이런 환경에서 살아간다는 대단한 자부심을 갖고 있다고. 어떤 때는 그런 그들의 자부심과 전후, 좌우를 살피지 않는 융통성

없는 답답함 때문에 정말 머리가 터질 때가 있긴 하지만, 어느 날(MONDAIN)이라는 유명한 일명 Railway시계로 통하기도 하는 역마다 걸려 있는 광고에 이런 문구가 있는 걸 봤다. 스위스에 얼마나 많은 기차역과 얼마나 긴 레일이 깔려 있는지, 그리고 얼마나 많은 터널들과 얼마나 긴 터널이 있는지. 하지만, 이 모든 곳에 자랑스럽게 자신들의 시계가 있고, 그 시계의 대표적인 빨간색 긴 초침이 역무원들과 철도청 사람들로 하여금 오차 없는 정확함으로 당신의 안전을 오늘도 책임지게 하고 있다고…. 부러움을 넘어선 두려움을 느끼게 한다.

영화 《미션 임파서블》 OST Danny Elfman

S#15

경쟁력 있는 한국의 강

바로 '청사초롱'을 이야기 하고 싶다.
붉음과 푸름, 강바람을 받으며 흔들거리는 우리만의 독특함,
강 중심에서 북, 남 모두 수백 미터는 떨어져 있는 아파트 단지의
환한 불빛 사이사이 흔들거리는 붉음과 푸름의 빛들,
청사초롱의 안내 설명을 5개 국어로 번역해 듣고 난
유럽인들의 원더풀 함성이 귀에 들린다.

런던에 템스강, 파리의 세느강, 로마의 테베레강, 피렌체의 아르누강, 독일의 라인강, 중부 유럽을 관통하는 다뉴브강, 프라하에 블타바강, 크라코프 비수아강 등 어떤 문명이건 반드시 강을 끼고 발달했다. 지금도 앞으로도 순리가 그렇다. 유럽의 관광도시라 불리는 위에 열거한 모든 도시들도 물론 그렇다. 우리 서울도 부산도 그 외 여러 도시도 마찬가지다. 큰 물줄기가 있으면 인구가 더욱 모인다. 유럽의 그 어떤 도시도 한강처럼 넓은 폭을 보이는 곳은 없다. 포르투갈 리스본의 타호강 하류 정도가 겨우 한강에 비교할 만할까 다른 강들은 어림없다. 특히나 도심한복판을 관통하는 그 유역과 폭을 계산할 때는 한강의 넓이와 비교할 바 아니다.

멀리 블타바강 위로 카를교가 보이는 체코 프라하

로마 건국 신화를 품고 있는 테베레강과 파리 원주민 골족 파리지엔이 살았던 시테섬(노테르담 성당 위치)의 폭은 우리 청계천보다 조금 크다. 그런데 그것이 장점이 된다.강폭이 작다 보니 강변 건물의 디티일이 선명히 살아난다. 좌안과 우안이 모두 한눈에 들어온다. 기욤 아폴리네르 시인의 구절처럼

"미라보 다리 아래로 세느강은 흐르고 우리의 사랑도 흐른다."

강에 물만 흐르는 게 아닌가 보다. 스토리가 이리도 중요하다. 야경으로 유명한 세느강은 조명을 받고 있는 석회석의 건물이 은은한 색깔로 한낮의 석회암 돌무더기에서 색조화장을 한 듯 옷을 바꿔 입기 때문이다. 쇳덩이 에펠탑 또한 한낮의 흉물스러움과 웅장함의 아이러니는 온데간데없이, 높디높은 황금 탑으로 변신한다. 간접조명의 마술, 빛과 철탑의 예술이라 할 수 있다. 바로 세느강 유람선의 맛은 간접조명과 일정한 스카이라인을 유지하고 있는 건축물들 그리고 아기자기하고 애절한 사랑의 이야기를 담고 있는 퐁네프다리, 화려함의 극치 알렉산드르 3세 다리, 학술원과 연결되는 예술가 다리 등의 디테일한 조각물들을 보는 즐거움을 만끽하는 코스이다. 나트륨 등의 은은한 조명발이 도달되기 가능한 강폭과 건물 높이가 보장된 환경을 구축하고 있는 것이다.

이것을 모델 삼아 한강 주변의 모든 아파트를 일률적으로 스

평화롭고 사랑스러운 호수, 스위스 몽트뢰

카이라인을 정리하고 더욱 강한 조명을 설치하면 혹은 모든 강변(북, 남)아파트들을 일제 철거하고 바로크 혹은 네오고딕 양식으로 건축물을 바꾸면 유럽인들이 한강 유람선을 탑승하러 비행기 12시간을 타고 올까? 너무 직격탄의 물음이었다면 용서하시길….

유럽인들의 시각으로 한강은 강이 아니다. 좁디좁은 개천을 강으로 알고 살아온 사람 입장에선 강폭이 수킬로가 넘는 물을 어찌 강이라 부르겠는가. 거기다 수많은 다리 그것도 4차선, 6차선 심지어는 8차선의 폭에 경악을 금치 못한다. 거기다 한여름의 집중호우를 견뎌내는 교각과 섭씨 30도가 넘는 여름과 영하 10도 이하의 강추위를 이겨내고 오롯이 버티고 있다는 설명에 고개를 끄덕인다. 혹자들이 부끄러워하는 강변의 아파트촌 모습이다. 북한강, 남한강, 남양주 말고 구리부터만 계산해도 절두산 성지가 있는 당인리 발전소까지 30여㎞가 강북, 강남으로 모두 4차선, 8차선 강변북로와 올림픽대로가 뻗어 있고 그 뒤로 불규칙한 15층부터 30층까지의 모양도 가지가지인 아파트 단지를 보면 신기해한다.

나와 다른 우리와 다른 삶의 모습과 경관을 보러 떠나는 것이 여행이다. 내 동리와 비슷한 산수와 풍경이라면 인류사에 여행이란 없었을 것이다. 어느 누구도 아파트 단지 구경하러 파리에 가진 않는다. 바로 안틱한 건축물과 좁은 강폭에서 살던 그들은 넓은 폭의 강에 놀라고 북, 남쪽 모두 아파트 단지로 채워진 건축물과 인구밀도에 뒤집어지고 불규칙한 스카이라인과 불야성을 이룬 자동차 불빛으로 치장한 야경을 보며 색다른 경치를 즐기게 된다.

유럽 대도시에 지붕이 열린 2층 투어버스가 있다. 꼭 같은 것은 아니지만 투어버스는 우리도 운영하고 있다. 중구 남산 한옥마을의 외국 관광객들의 호응도는 대단한 수준이고, 경복궁과 덕수궁 수문장 교대식은 그 의미의 전달과 화려함에서 런던 버킹엄 근위병 교대식과 비교해도 충분한 경쟁력이 있다. 특히 복장의 다양함과 화려한 색깔에 모두 넋을 잃는다. 하나 더, 우리만의 간접조명을 강변아파트 베란다에다 유럽의 제라늄 대신 달아 놓는 것은 어떨지. 한국의 막강 부녀회를 이용해서 말이다.

바로 '청사초롱'을 이야기 하고 싶다. 붉음과 푸름, 강바람을 받으며 흔들거리는 우리만의 독특함, 강 중심에서 북, 남 모두 수백 미터는 떨어져 있는 아파트 단지의 환한 불빛 사이사이 흔들거리는 붉음과 푸름의 빛들 청사초롱의 안내 설명을 5개 국어로 번역해 듣고 난 유럽인들의 원더풀 함성이 귀에 들린다.

이런 것이 경쟁력 있는 우리 것 중에 하나이다.

우리 숲을
떠나봐야 알 수 있다.

 영화 《미드나잇 인 파리》 OST

S#16

대원군이 보지 못한 에펠탑

파리의 에펠탑을 카메라에 담을 때 세느강 유람선에서
황금색으로 변한 에펠탑의 밤의 모습을 바라볼 때는
척화비를 떠올려 주길 바랄 뿐이다.

모파상과 에밀졸라, 빅토르위고 등 당대의 기라성과 같은 문인들과 철학자, 파리의 지성이라 불리는 많은 이들이 에펠탑 건설을 반대했었다고 한다. 펜의 힘을 이용해 연일 사설과 칼럼 등을 통해 반대 여론을 조장했다. 고색창연한 파리 분위기에 흉물스런 철탑은 용납할 수 없다는 이유이다. 그때가 1889년이다.

1789년 삼색기의 깃발 아래 프랑스 파리대혁명이 있은 지 꼭 100주년이 된다. 그 기념사업의 일환으로 세계만국박람회를 도시 파리가 개최하게 된다. 에펠탑은 파리 만국박람회장을 들어서는 기념탑으로 GATE의 역할을 했다. 당시 높이는 300m이다. 인류역사 최초로 철탑을 만들었다. 그것도 무려 300m. 석조문화의 상징물로 기자의 피라미드, 그리스 파르테논 신전, 중국의 만리장성 등을 들 수 있다면, 철기문화로 접어들어 인류가 만든 최고의 기념비로써 가치는 충분하다.

현대건축물의 주재료로 철이 없다는 것은 생각도 할 수 없지만 100여 년 전까지만 해도 최첨단 건축소재였다고 볼 수 있다. 1866년 조선의 국법에 어긋나던 천주교를 퍼뜨렸던 프랑스 선교사 살해를 빌미로 프랑스 함대가 강화도 앞바다에 닻을 내리고 함포외교를 행하게 되는 그 시점이 바로 병인양요가 된다. 에펠탑 건설 23년 전의 일이다.

본인과 같은 이름(?)으로 불리는 흥선대원군이 우리 수군에 하명하여 프랑스 함선을 물리쳤다 기록된다. 그 즈음에 대원이 대감이 300m짜리 철탑을 직접 보았다면 어찌되었을까? 역사에 If(만약)는 가당치 않다. 한낱 지적 유희에 지나지 않는다. 하지만 너무나 안타깝기에 생각해 본다. 외국 문화나 사상을 물리쳐 받아들이지 않는 배외운동에 힘쓸 것이 아니라, 큰 흐름의 개화를 받아들이기 위해서는 실질적인 권력자들이 우리 숲을 벗어났어야 했다.

에펠탑을 만든 귀스타브 에펠의 조수 테오필 세이리그가 설계해 에펠탑과 비슷한 분위기를 주는 아치 철교, 포르투갈

조선팔도에 척화비를 세우는 것만이 능사는 아니었으리라! 우리가 척화비를 세울 때 일본은 신사유람단을 보냈다. 나가사끼항에서 홀란드(네덜란드) 헤이그 항까지 50여 일의 뱃길이었다. 봉토와 농노를 거느리고 있는 실력자의 자제들이 그 위험천만의 여행을 하게 된다. 쾌적한 호텔을 예약하고 가이드의 친절한 설명을 들어가며 안전하게 한 여행이 아니다.

살아서 돌아온다는 보장도 없는 처녀지로의 모험이었다. 따뜻한 방구들에서 대문 걸어 잠그고 "우리 것이 좋은 것이여."를 되뇌며 내 식솔들의 무사안일을 노력 없이 기원하고 있을 때 바다 건너 그들은 행동했다. 큰 그림을 그리기 위해 큰 도전을 실행하게 된다. 사회의 지도급 인사들이, 영향력 있는 그들이 개혁의 의지를 바탕으로 다른 세상을 눈으로 보고 가슴에 담게 된다. 100년 전의 그 차이가 지금의 우리와 일본의 차이를 만들게 된 이유 중에 하나가 아닐까? 여행인의 시각으로 본 편협한 소견이다.

1989년 1월 1일부터
대한민국은 여행 자유화가 되었다.

일본은 여행 자유화라는 문제에서도 약 30년 이상 앞선 차이를 보인다. 파리의 에펠탑을 카메라에 담을 때, 세느강 유람선에서 황금색으로 변한 에펠탑의 밤의 모습을 바라볼 때는 척화비를 떠올려 주길 바랄 뿐이다.

여행을 통해
역사 속에서 나아갈
길을 살펴보는 것은 어떨지?

캐논 변주곡 Variations On Canon Johann Pachelbel

S#17

다양성의 유럽

유럽의 역사를 보면
동서남북 참으로 아귀들처럼 다툼이 있었고
조금 평안한 시기를 살펴보면
휴전기의 짧은 평화라고 보는 것이 옳을 듯하다.
아름답고 평안한 평화 중간에 전쟁이 아니라
다툼과 혼란 사이에 짧은 평화가 어떠할지?

다양성의 유럽, 북위 70도 그 위에 자리한 노르웨이 북단 North Cape가 아이슬란드 수도 레이카비크보다 북에 위치한다. 남쪽으로는 유럽문명의 발상지라 할 수 있는 그리스의 여러 섬들이 아직도 터키와 으르렁거리며 위치하고, 서쪽으로는 대서양 연안 땅끝마을 리스본에서 멀지 않은 카보 데 로카를 빼놓아선 안 된다. 동쪽으로는 발칸반도의 여러 나라 중에 로마사람이 가장 동쪽에서 정착했다 하여 붙여진 이름 루마니아가 있다.

이렇게 다양한 나라 37개국(러시아 불포함), 세 개의 언어구조(라틴어, 게르만어, 슬라브어)와 기후대(지중해성 기후, 대륙성 기후)에 하나의 민족이 하나의 국가를 이룰 수 없었고, 한 민족이 한 나라를 구성할 수도 없었던 왕조들의 얽히고설켜 역사가 있

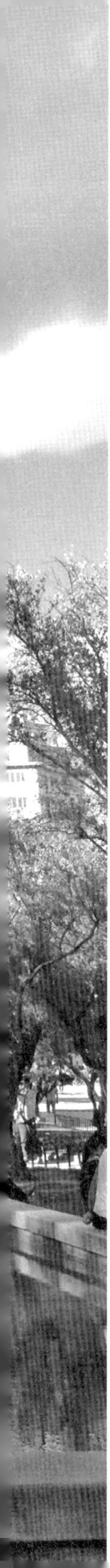

기에 되려 다양성의 이름으로 하나가 된 유럽의 문화적 토양을 보게 된다. 그렇기에 종교적 결속력을 더욱 중요시했던 것은 아닌가 싶다. 어느 시기를 딱 집어 말할 수는 없지만, 유럽의 역사를 보면 동서남북 참으로 아귀들처럼 다툼이 있었고, 조금 평안한 시기를 살펴보면 휴전기의 짧은 평화라고 보는 것이 옳을 듯하다.

아름답고 평안한 평화 중간에 전쟁이 아니라, 다툼과 혼란 사이에 짧은 평화가 어떠할지? 그런데 그것이 다양한 산 넘어, 강 건너의 문화가 교류하고 혼합할 수 있는 역동적인 장이 만들어지는 데 일조했다. 그 지역만의 독특함을 넘어, 항상 타 문화를 접하고 접목시켜 더 나은 문화의 창달했다. 바이킹들로부터 폴란드 남쪽 헝가리까지 전파되었던 남쪽에선 상상도 할 수 없었고 필요치도 않았던 의식주의 문화가, 잉글랜드에선 듣지도 보지도 못했던 남쪽 로마의 여러 문화가 선진이란 이름으로, 승리자의 이름으로 전파되어 현지화 되면서 유럽은 끊임없이 다양성 속에서 성

작가 세르반테스를 뒤로
돈키호테와 산초 동상
스페인

장하게 된다.

문득, 조선이 개국할 때의 상황과 비교해 본다. 이성계의 고향이 함경북도, 정도전의 고향이 경북 영주, 조준의 고향은 평양이다. 출신지를 국정교과서에 근거하여 열거한 이유는 조선을 건국했다고 알려진 걸출한 인물들의 고향이 북쪽, 남쪽, 그리고 중간지역에 다양하게 분포했고, 그 누구의 출신지역도 아닌 곳에 도읍을 결정하면서 다양성이 정 · 반 · 합 하여 새로운 시대를 만들어 낸 것은 아닌가 하는 생각이다. 개국 당시에는 결국 한양 사람들은 권력층에 없었다는 반증이 되기도 한다.

"한양사람입니다." 하는 도성 안 출신이라고 불리우는 사대문 안 사람들은 언제부터 생겨난 것일까? 다양성이 정체기를 맞이하며 국운이 기울기 시작되었다 말하면 비약이 너무 심할까? 인구의 팽창시기 중간에 전쟁, 전쟁이 나지 않으면 전염병으로 전쟁보다 더 비참한 국면이 연출되며 인류사의 발전을 멈추게 했던 역사적인 사실들을 보게 된다. 전염병이 돌았기에 전쟁을 하지 않은 것으로 보는 견해도 힘을 받고 있다.

전쟁 또는 흑사병과 같은 전염병의 이면에는 장원제도의 붕괴, 인건비의 상승, 신학의 하위 카테고리인 기술이 과학으로 승격되게 되는 계기를 제공하게 된다.

유럽은 지금도 EU 통합이란 이름으로 다양성을 확보하려 노력한다. 자본은 서쪽에서 동쪽으로, 인력은 동에서 서로 이동하며 균형점을 찾아 오늘도 섞이고 있다. 유럽의 역사와 현실에서 우리를 돌아보는 지혜가 필요하다.

영화 《초콜릿》 OST Rachel Portman

S#18

피자집 아들은
피자를 잘 굽는다

영국, 프랑스 사교육 대단하다.
한국의 사교육은 명함을 내밀 수가 없을 정도이다.
우리 사교육비는 댈 게 아니다.
어지간한 돈으로 까불면 다친다.

영국, 프랑스 사교육 대단하다. 한국의 사교육은 명함을 내밀 수가 없을 정도이다. 체육활동에 승마와 조정이 포함되어 있고, 인성교육으로 일 년에 두 차례 해외여행(성지순례 포함)을 수학여행으로 하고, 기숙사의 식사 시간에 맞추어 그날 지정된 복장을 입고 식당에 모여야 한다. 취미활동으로 바이올린, 피아노 등의 건반과 현악기를 배울 수 있다. 그것을 부모들이 다 대준다. 우리 사교육비는 댈 게 아니다. 어지간한 돈으로 까불면 다친다.

그런데 우리에겐 사교육 시장이란 말이 있다. 모두 어느 선까지는 죽는지 사는지 모르고 용을 쓴다는 소리이다. 유럽의 사교육이란 소위 있는 가문에서나 하는 소리이다. 그것이 유럽

대를 이어가는 피자집의 피자, 체코 오스트라바

사교육의 대세이다. 수업 시간도 유럽 각국마다 약간의 차이는 있으나 대체적으로 일찍 시작해 일찍 끝낸다. 학교 급식은 없어져가는 추세다. 찬 도시락일지라도 엄마가 싸준 샌드위치와 과일 조각이 영양가 있다는 주장이 다시 제기되어 확산되는 분위기이다.

피자 가게 주인집 자식은 피자를 잘 구우면 된다. 할아버지의 할아버지부터 해 왔기에 그 집에서 태어난 이유로 그 집 자식은 피자를 구워야 하기 때문이다. 옆집 친구도 그 집 친척도 또 당사자도 몇 가지의 변형된 맛난 피자를 개발할 수준이면 모두 환영한다. 주변의 분위기가 그렇다.

소위 말하는 '사' 자 돌림의 직업군을 성공 스토리로 얘기하지 않는다. 피자집 분위기가 '사' 자 탄생을 목숨 걸고 후원하지 않는 분위기란 것이다. 이런 분위기라면 스트레스 받지 않는 청소년기를 보낼 수 있지 않을까. 또 부모도 마찬가지일 것이다. 마음으로 사생활을 즐기는 시간이다. (멀지 않은 미래에 이런 얘기를 할지도 모른다. "옛날엔 학원이란 곳을 보내고는 가족 모두가 집단 탈선을 했다는군!")

학교에 보내는 아침마다 양 볼에 키스를 하며 머리를 쓰다듬어 준다. 하교하는 자녀의 어깨와 등을 쓸어주며 다시 키스를 한다. 이러니 담배를 피운다 한들 엄마 것을 피우는지 아빠 것을 피우는지 단번에 알 수 있다. 옆집 누구도, 윗집 누구도, 친구네 누구도, 영어학원에 수학학원에 학년 따라 태권도에 미술에 논술학원까지 보내니 불안해서라도 나도 보내야 한다. 당사자는 의지와 관계없이 움직여야 한다. 보내니 가야지, 고맙지 뭐! 그것이 흐름이니 중간은 가야 하지 않겠냐는 것이다. 열심히 가르치고 또 가르쳐서 진짜 공부하고 싶을 때 공부할 체력은 그 이전에 모두 탕진이라도 시키려는 듯싶다.

피자집 아들, 딸도 공부가 취미일수 있다. 어려서부터 놀다 보니 청년이 되면서 공부가 하고 싶어질 수 있다. 그때부터 튼튼한 체력으로 하고 싶은 공부를 한다. 그러니 재미있다. 하고 싶어서 하는 공부니 탄력을 받는다. 놀다 지쳐 하는 공부이기에 몇 년간 노는 것은 안중에도 없다. 무섭게 파고들며 공부한다. 여기서부터 차이가 난다. 올림픽 동메달 리스트 의사, 세계 청소년 선수권대회 3위인 국제 변호사가 가능한 이유가 여기 있다.

여행을 통해 우리나라 엄마들이 공부 덜 시키는 분위기를 보았으면 싶다.

우리가 민감한 GNP, 유럽이 우리보다 높다는 사실을 다시 한 번 상기하자. 이만 달러까지의 교육방법으로 삼만 달러를 만들 수 있다는 편견을 버릴 때가 되었다.

영화 《여인의 향기》 OST The Tango

S#19

유럽을 보면
아빠보다 엄마가
바꿀 수 있는 게 더 많다

돈 쓰고 추억과 경험을 버는 일이라고
기회 될 때 많이 보고 경험이 다 세상을 얻는 힘이라며,
미친듯이 여행 중독에 단단히 빠졌다.

20대 대학생들의 배낭여행의 성비가 대체로 여학생이 7할, 남학생이 3할 정도의 비율이다. 일반 그룹여행도 대체로 여성의 숫자가 7할에 육박한다. 대학생 배낭은 남학생의 경우 군 문제가 늘 앞뒤로 걸림돌이 되다 보니 여학생처럼 자유롭지 못한 이유가 크다. 복학 후에는 취업문제가 걸리니 또 떠나기 쉽지 않다. 일반 그룹 여행에서도 여름휴가 기간을 제외한 시즌에는 남성이 일주일 이상 혹은 열흘 이상 직장을 비우기가 쉽지 않다 보니 여성의 여행 인구가 높아지고 있다.

급여를 받는 직장인은 말할 것도 없고 자영업을 하는 분들도 자리를 비운 여행기간만큼의 손실이 염려되어 쉽사리 내 터전을 떠난 일탈의 도전을 쉽사리 감행하지 못한다. 여성 여행인, 여행 중에 볼 수 있는 것은 자신의 직업과 관련한 것, 혹은 알

현지 가족과 함께 등산한 침간산, 우즈베키스탄

고 있는 지식 만큼이라 조심스럽게 얘기한다.

남성이 볼 수 있는 것과 여성이 볼 수 있는 것이 다르다는 사실이다. 아빠가 보는 것과 엄마가 보는 것이 다르다는 것이다. 하나하나, 조목조목 꼼꼼히 살피는 것은 엄마가 훨씬 낫다. 배낭여행을 하는 학생들도 여학생이 대체로 더욱 열심히 세밀하게 스스로의 약속에 해당하는 일정에 보다 더 충실한 모습을 많이 보았다. 극히 일부 남학생들은 로마와 파리의 민박집에서 하루씩 이틀씩 이런저런 이유를 만들어 젖히기도 하지만, 여학생들은 퍽 악착같이 하루하루에 최선을 다한다.

가끔 박물관에서도 한국인 가이드의 설명을 도강하는 친구들도 여학생의 비율이 더 많다. 참, 기왕 도강을 할 생각이면 배낭속들의 형, 누나뻘 되는 가이드 분들께 정식으로 인사 드리고 본 그룹 여행객들에게도 정중하게 인사 드리고 경청하기 바란다. 내 아들 딸 같은 배낭 여행족을 기피할 사람은 단 한 사람도 없다. 예의 없이 슬쩍슬쩍 일행 사이에 들어왔다 나갔다 하면, 인솔자와 가이드로부터 소매치기로 오해 받기 딱 좋다. 얘기가 너무 샜다. 돌아가지 뭐! 선진 유럽에서 한국 엄마가 배워올 수 있는 것이 너무 많다. 주마산간의 여행 중에 도시와 국가의 점을 찍을 뿐, 어떤 교훈적인 것을 배우겠나 싶겠지만, 여행 중 느낄 수 있는 것은 말로 표현되는 어떤 것 그 이상이다. 본인도 아이가 있기에 교육이란 부분을 자꾸 살피게 된다. 여행 중 그들의 교육을 보고 온다는 것은 가당치 않다. 하지만 유럽 아이들의 호연지기를 느끼고 올 수는 있다. 3600미터 융프라우에서 패러슈트를 타고 점프하는 아이와 아파트 단지 주차장 한편에서 자동차 사이를 비집고 놀고 있는 우리 아이가 오버랩되는 이유는 무엇일까?

우리보다 늦게 시작되는 봄인 4월이면 개구리가 잠에서 깨어 정신 못 차리고 도로 위로 올라와 사고를 당한다고 고사리 손으로 촘촘한 그물을 국도변에 치고 있는 독일 아이들의 환경교육시간을 바라보며 분수와 함수를 미리 가르쳐야 한다고 수업 끝나고 밥 한술 떠 먹여 다시금 학원으로 보내는 이 교육환경을 어찌 바라보겠는가? 수업을 끝마치고 집에 돌아와 낙하산을 챙겨 산에 오르는 아이, 아빠와 형제와 함께 마을 단위 스포츠 센터에서 수영과 테니스를 하는 아이들과 방과 후 또 다른 교육시설을 전전하며 미분, 적분과 외국어에 진을 뽑고 있는 우리 아이들에 대해 엄마들이 느끼게 된다.

책과 인터넷으로 얻을 수 있는 것과 여행을 통해 얻을 수 있는 것이 다르다. 수영을 할 줄 아는 엄마가 내 아이를 가르치는 것과 돈 주고 맡기는 것은 다르다. 여행을 해본 엄마가 배낭여행을 추천하는 것은 다르다. 유럽에서 무엇인가를 보고 느끼고 온 엄마가 가정의 포커스를 바꿀 수 있다. 아빠가 바꿀 수 있는 것보다 엄마가 바꿀 수 있는 것이 더 많다.

엄마들이여 여행을 떠나자.

내 아내도 여행을 하면서 많이 바뀌었다. 돈돈 하며 걱정하며 떠나길 꺼리더니 이제는 완전 몰빵이다. 돈 쓰고 추억과 경험을 버는 일이라고 기회 될 때 많이 보고 경험이 다 세상을 얻는 힘이라며, 미친듯이 여행 중독에 단단히 빠졌다.

왜 일까? 여행을 해본 사람만이 알 수 있다.

이 유럽이라는 곳의 스토리를 느껴보자. 보아야 비교가 되고 우리 아이, 내 미래를 어떻게 키워가야 하는지에 방향성을 제시해 줄 것이다. 혹자들이 이야기하는 아주마니(아주머니가 아님, 곰 솥에 국을 아주 많이 끓여놓고 가족들 먹으라고 하는) 여행객들을 야단하는 분들이 있다. 글쎄 긍정적인 면에서 한국의 오늘을 만든 요인 중에 우리 어머니들의 치맛바람을 무시할 수 없다. 바로 여행의 치맛바람인 아주마니 여행객들의 진일보에 기대를 걸어본다.

영화 《대부 1》 OST　Speak softly love

S#20

유럽의 유일한 이민 1세대

독일의 이민세대는 다름 아닌 광부와 간호사 분들을 말한다.
아프지만, 지금은 자랑스러운 그 시절
우리의 뜨거운 모습을 그분들을 통해서 볼 수 있다.

미주와 달리 유럽에는 이민사회라는 것이 형성되어 있지 않다. 학업 중인 나이 많은 유학생이라 할 수 있다. 비자도 생활도 계속 공부 중인 사회가 유럽의 한국인 생활 모습이다. 그 속에 유일하게 독일과 오스트리아 정도가 이민1세대라는 호칭을 부여 할 수 있다. 그리고 독일에서 농사짓고 계신 분들 덕에 대부분의 여타 유럽에 위치한 한식당들의 부식재료를 공급받고 있는 형국이다.

독일의 이민세대는 다름 아닌. 광부와 간호사 분들을 말한다. 아프지만, 지금은 자랑스러운 그 시절 우리의 뜨거운 모습을 그분들을 통해서 볼 수 있다. 전쟁도, 배고픔도 생존에 대한 뜨거운 열의와 욕구도 없이 편안하고 행복한 어린 시절과 청소년기를 거친 이 시대의 30대이다. 국내의 산업전선에서만 임했

가업을 이어가는 과일가게, 포르투갈

다면 다큐멘터리로 혹은 글로서나 접할 수 있는 사소한 남의 이야기일 수 있는 독일로 간 광부와 간호사들이다.

가이드라는 직업 때문에 부모님 연배가 되시는 그분들을 몇 분 알고 있고, 가끔 인사도 드린다. 솔직히 광부와 간호사 이야기를 누군가가 체계적으로 알려주신 것을 접하지 못했다. 그래서 무지했다. 왜, 어떤 계기로, 누가, 몇 명이나, 언제 그곳에 갔는지. 배고파서, 일자리가 없어서, 나라에 돈이 없어서 국가 차원의 인력수출이 있었다고 한다. 당시 배경설명을 통해 글을 어렵게 만들고 싶진 않다. 어쨌든 광부로 가신 분들의 말씀에 따르면 지하 갱도 초입에는 독일인이 일했고, 중간 깊이에는 독일과 2차 세계대전의 형제국이었던 터키인들이 일했고, 막장에는 한국 노동자 약 500여 명이 하루 12시간 이상 일했다고 한다. 한국에도 탄광은 많은데 거기까지 갔다. 어쨌든 갔다. 그들이 일했던 현장엘 다녀온 적이 있다. 안전문제로 지하 400미터 지점까지만 허용이 되었다. 경험해 보기 전엔 표현하기 어려운 두려움과 힘겨움이 느껴진다.

폴란드 소금광산처럼 관광지가 아닌 지하 광산 갱도, 지하로 내려온 것만큼을 더 내려가면 일반인들은 적응하기조차 쉽지 않다는 탄광측 직원의 설명에 고개가 끄덕여진다. 우리 부모님 세대 중 어떤 분들은 이곳까지 와서 꿈을 위해 젊음을 보냈다. 나는 이곳을 여행하며 둘러보고 있다. 40년 만에 표현하기 부끄러운 감사함을 느낄 뿐이다. 간호사로 오셨던 작은 체구의 한국 천사들의 이야기는 독일인들의 기억에도 아직 남아 있다. 광부들보다 더하면 더했지 결코 쉽지 않은 영안실 작업과 특수병동 시설로 배치되어 훌륭히 본업에 충실했던 천사들. 직접 박정희 대통령과 육영수 여사와 악수했던 분들의 손을 잡아 보며 가슴속이 뭉클해지는 것은 왜일까. 동양에서 온 가난한 작은 나라의 젊은 대통령 내외분의 손을 잡고 한없이 울었던, 힘없는 나라의 통곡과 눈물의 바다에 직접 자리했던 그분들이 오늘날 우리가 있게 한 원동력 중에 또 하나의 축이었다.

대부분 현지인들보다는 동포끼리 혼인들을 많이 하셨다. 출산 이후에 그들의 산후조리법으로 몸이 다 망가지신 이야기는 정말 가슴이 아프다. 친정이고 시댁이고 아무도 없이 젊은 부부가 미역 한 번 제대로 먹어 보지 못하고, 출산 이후에 병동에서 찬물에 하라는 샤워 다하고, 열 달 동안 열 덩어리 아기를 배에 넣고 있었다고 얼음을 먹으라고 가져다 주지 않나. 다 들고 일어난 치아가 성할 새도 없이 식사라고 스테이크를 손바닥만 하게 가져다 주니, 배는 고프지 뭐라도 먹어야 젖은 돌겠지 싶으니 꾸역꾸역 먹고 나니, 나이 먹어 몸과 치아가 성한 분들이 안 계신다.

고종의 여권을 가지고 출발한 첫 이민자들(멕시코 유카탄 반도에 애니깽 농장)과 일제 침략기 때 하와이로(사탕수수 농장) 떠나간 분들의 이야기만큼이나 눈물 없이 듣기 어려운 삶을 이겨내셨다. 그 위에 우리의 오늘이 있다. 대부분은 모았던 돈으로 다른 사업을 하시거나, 더 많은 공부를 하시기도 하셨고, 대학병원의 수간호사로 아직도 드물게나마 현업에 계신다. 돈은 좀 모았지만, 독일의 백호주의로 인해 그곳에 뿌리내리지 못하고 언어가 같은 스위츠랜드나, 오스트리아로 가서 정착하신 분들도 상당수 있다.

그 시대를 만들어 주신
부모님 세대에게
고개 숙여 감사를 표합니다.

영화《대부 1》OST The Godfather Waltz

S#21

가족과 함께
여행을 해야 하는 이유

여행의 추억을 물려준다는 것은 함께했다는 것이다.
여행의 추억을 물려주었다는 것은
경비를 대준 스폰서로서의 소극적 자세가 아닌,
여행 기간 내내 가족이
그 시간과 공간을 함께 아로새긴다는 것을 뜻한다.

영국 여행 관련 속담 중에 "재산을 물려준 부모보다 여행의 추억을 물려준 부모가 진정 멋진 부모다."라는 속담이 있다. 글귀만으로도 멋지단 생각이 든다. 이래서 여행을 직업으로 하는지도 모르겠지만, 고맙지 뭐! 여행의 추억을 물려준다는 것은 함께했다는 것이다. 여행의 추억을 물려주었다는 것은 경비를 대준 스폰서로서의 소극적 자세가 아닌, 여행 기간 내내 가족이 그 시간과 공간을 함께 아로새긴다는 것을 뜻한다.

독일에선 아프리카의 지붕 킬리만자로를 세 번 갈 수 있는 삶을 최고로 친다. 첫째는 부모님과 함께, 둘째는 사랑하는 부부가 미래를 꿈꾸며, 셋째는 손자손녀들과 조부모가 되어 함께 한다면 그들은 완벽하다 자랑한다. 아이들과 함께 여행을 통해

할아버지, 아들, 손자 3대가 함께하는 여행

집 떠나 고생을 함께하며 그 속에서 대화를 나누어 보라. 학교 이야기, 친구 이야기, 진로 이야기, 행복의 가치에 대해, 그들 세계로의 여행을 보너스로 얻을 수 있으리라. 부모님의 건강이 허락하신다면 어르신들을 모시고 함께해 보시길 부탁한다. 단 한 번만이라도 Please! 비용은 정말 사소한 지출로 여기질 만큼 그 추억과 감동 그 감사함은 평생 남을 것이다. 둘만 찍은 사진은 언제고 유품과 함께 태워진다. 하지만, 손자, 손녀와 함께 한 사진은 그들의 시기까지 연장 보관된다.

아름답지 않은가! 그깟 보관연한이 중요한게 아니라 손자, 손녀들에겐 살아있는 할아버지, 할머니를 기억하고 추억하게 한다. 참고로 사진을 담을 때 할아버지, 할머니 중간에 손주들을 위치하게 해라. 그리고 어깨동무를 한다든지, 팔짱을 낀다든지 장난스럽게 포즈를 취하길 바란다. 그래야, 두 분 임종 이후에도 사진을 보관할 확률이 늘어난다. 자녀들이 중간에 위치하고 있어서 가위로 오려내기 어렵다. 내 부모님이 꼭 그렇게 사진을 찍으신다. 명절 등의 특별한 날 용돈 쥐어 주는 할아버지, 할머니가 아니라, 여행을 함께했던 친구로 영원히 손주들의 기억에 남게 한다. 과연 어떤 비용을 지불하고 이처럼 흥분되고 축복받은 감동과 추억을 구입할 수 있겠는가?

'나라에 충성, 부모에 효도' 전제주의를 말하려는 것이 아니다. 전 세계 그 어떤 슬로건도 이처럼 똑 부러지기 어렵다. 그만큼 가정, 가족이란 울타리가 탄탄하다. 윗세대는 아래 세대와 아래세대는 윗세대와 단, 한 번만이라도 여행을 함께해 보시길…. 감사함을 표현하는 또 다른 방법이다. 진짜 고마워진다. 가족구성원 혹은 가장이라 하면서 가족끼리 일주일에 몇 차례나 식사 때 마주하는지 생각해 보자. 하루를 살펴보면 도대체 아이들과, 아내와 언제 한 번 두 손 두 발 편케 담소와 미소를 함께한 적이 있는가? 이동하는 차량에서, 항공기에서 두 손 잡고 24시간을 여행기간 내내 함께해 보면 집에서 보지 못했던 서로의 장점과 단점 등이 새롭게 보일 수도 있지 않겠는가? 우리 아이에게 이런 모습이, 내 남편이, 내 아내가, 내 아빠가, 내 엄마가 "야 대박~." 하면서 일탈 속에서 가정에 또 다른 행복을 찾을 수 있지 않겠나.

모든 세대가 그들의 가치관과 사고방식으로 흐뭇하고 애틋한 사랑의 추억이 될 것이다. 또 하나 장성한 자녀 덕에 사귀게 된 늘그막 친구 사돈과도 여행을 함께해 보자. 어려운 사이 맞다. 암, 어렵고 말고 하지만 가깝자고 들면 누구보다 가까워질 수 있는 동시대를 풍미했던 사람들이지 않는가. 그 숱한 고생과 가슴앓이를 하며 얼굴엔 주름을, 검은 머리엔 하얀 서리를 맞은 분들이지 않는가. 시댁과 시집간의 갈등은 발붙일 공간이 없어지고 만다. 여행 이래서 가족과 함께해야 한다. 신년에 또 다시 여행계획을 세우고 계시리라. 그것만으로도 흥분되고 즐거운 미소가 떠오르는 사람이 있을 것이고, 고개가 절레절레 흔들리는 사람이 있을 것이다.

여행 계획은 다른 여타의 계획 가장 뒤쪽에 작은 글씨로 쓰게 된다. 그렇게 해서는 여행을 절대 갈 수 없다. "여유있을 때 가지." 여행 날짜가 다가올수록 미루게 될 만한 이유가 백 가지도 넘게 생긴다. 직장 내 문제로, 친인척 대소사로, 뭐가 그리 꼬이고 꼬인다. 아예, 일년 계획에 반드시 일처럼 작심을 하고 실행해보자.

처음부터 완벽한 여행을 꿈꾸지 말자.
여행도 습관이고 연습이 필요하다.

영화 《아웃 오브 아프리카》 OST Mozart

S#22

우리 산을 넘어
아프리카로

우기와 건기에 따라 초식동물들이 이동하는 모습에 따라
먹이사슬이 함께 이동하는 것을 관찰하는 재미가
아프리카 여행의 재미 중 하나라 할 수 있다.

아프리카에 다녀왔다.

송넌과 신년을 그곳에서 보내고 맞이했다. 이번이 네 번째로 기억되는 여행이었다. 여행업에 종사하며 필드 생활을 한지 올해가 20년째가 된다. 아프리카는 특수지역이란 이름으로 불리어지곤 했다. 마치 원시밀림의 어떤 느낌처럼 그만큼 우리의 시선과 관심이 닿지 않던 곳이었다. 스페인 해군들과 모험가들이 아메리카 대륙으로 향할 때, 포르투갈 항해사들은 아프리카 해안을 끼고 대서양을 남하해 인도양으로 가는 항로를 개척하게 된다. 그들의 눈에 비춰진 것이 기록이 되어 우리에게 소개되니 우리는 아프리카를 온전하게 보지 못하고 유럽인의 시선으로 바라보게 된다.

차르박 호수가 멀리 보이는 침간산, 우즈베키스탄

아프리카 하면 떠오르는 것이 무엇인가?

초원, 동물의 왕국, 다이아몬드, 킬리만자로, 빅토리아 폭포, 영화 〈아웃 오브 아프리카〉 바오바브 나무, 노예, 희망봉 등등 물론 이보다 많은 것이 연상되는 분도 있을 것이다.

아프리카에는 대표적으로 'BIG 5'라 불리우는 사자, 코끼리, 표범, 코뿔소, 버팔로가 생태계 피라미드의 하나의 상징처럼 대표되고 있다. 우기와 건기에 따라 초식동물들이 이동하는 모습에 따라 먹이사슬이 함께 이동하는 것을 관찰하는 재미가 아프리카 여행의 재미 중 하나라 할 수 있다. 북아프리카는 이미 사막화 되어 사파리를 하기 어렵고, 적도 인근의 중부 아프리카는 내전과 가뭄 등의 황폐화로 일반적인 투어로는 방문하기 쉽지 않은 상태이다. 통상적으로 방문할 수 있는 아프리카는 동부, 남부 아프리카라 할 수 있다. 케냐, 탄나지아, 심바브웨, 잠비아, 나미비아, 보츠와나, 남아프리카공화공 등을 꼽을 수 있다. 초원에 동물들에게 국경이 있지 않기에 우기와 건기의 변화시기에 영화와 다큐에서 볼 직한 장면을 기대하기도 한다. 그러나 일이 주일 방문하는 우리에겐 꿈 같은 이야기이기도 하다. 사파리는 배로 하게 되는 사파리와, 짚을 개조하여 만든 오픈 사파리, 그리고 사냥을 들 수 있다. 요즘은 에드벌룬을 이용해 일출의 장관을 지평선과 함께 추억으로 만드는 것이 추가되기도 했다.

세계 3대 폭포 중 협곡의 폭이 좁고 낙차가 최고 107m나 되는 '빅폴' 빅토리아 폭포를 빼 놓을 수 없다. 잠비아와 짐바브

웨 국경을 나누고 있기에 두 나라 비자를 받아가며 왔다 갔다 하는 재미도 쏠쏠하다. 여행객이기에 그것을 불편하게 생각할 것이 아니라 긍정적으로 살펴보는 자세가 필요하다. 비자비용이 꽤 나가기에 하는 소리이다. 1945년 시작된 아파르트헤이트(인종분리정책)로 일반적인 상식으로는 도저히 이해할 수 없는 일들이 1990년까지 벌어졌던 남아프리카 공화국. 아프리카의 모처에서는 아직까지도 여러가지 모양새로 자행되고 있는 숙명과도 같은 일이다. 그 고리에 한복판에 넬슨 만델라가 있었고, 44세 한창 나이에 감옥에 들어가서 71살 백발이 되어 나온 남자. 케이프타운 테이블 마운틴에서 바라보이는 로벤섬에서 만 20년, 그리고 여타 다른 교도소까지 합치면 장장 27년 6개월이라는 감옥살이를 하고 남아공 최초의 흑인 대통령이 된 만델라의 스토리가 있는 아프리카.

"용서는 하되, 망각하지는 않는다."

자서전의 구절이 생각난다.

2010년 올림픽을 계기로 요하네스버그, 프에르토리아, 더반, 포트 엘리자베스, 케이프타운 등 여러 도시들이 상전벽해의 모습으로 변모되었다. 투자욕구를 자극할 정도로 미래가 보이기 시작했다. 이미 올림픽으로 검증 받은 미래가 아닌가 싶다. 1487년 바르톨로뮤 디아즈는 케이프를 돌아서 알고아만까지 도달하고 그것이 아프리카 최남단을 돌았다는 기록이지만 당시에 확실한 항로로 인정받지 못했다. 대서양과 인도양의 물의 밀도, 염분, 지정학적 곳의 위치 등으로 폭풍이 너무나도 거세기에 폭풍의 언덕이라 명명했던 기록이 나온다. 1497년 바스코 다 가마가 나탈지역까지 도달한 이후에야 동쪽의 나라들과 교역할 수 있는 항로로써 인정을 받게 된다. 그리고 당시 포르투갈의 왕 조앙 4세는 이곳의 이름을 BOA ESPERANCA(Good Hope)로 바꾸라고 명령을 내렸다. 이것이 한국에 소개되면서 희망봉希望峯이 된다. 현재 영어 정식 명칭은 'Cape of Good Hope' 이다. 희망봉 정상에 올라보면 디아즈의 이름이 새겨진 돌판은 대서양을 바라보고 서 있고, 바스코 다 가마의 석판은 인도양을 바라보고 있는 것이 아이러니하다.

아프리카는 최초인류의 화석부터, 산과 폭포, 초원의 짐승, 가톨릭과 회교, 노예제도의 아픔, 그것을 이겨낸 인물의 스토리, 대서양과 인도양의 조우, 홍콩을 경유하는 SA(남아공 항공)이 있고, KE(대한항공) 직항이 있다. 큰 맘 먹고 계획 한번 세워보시는 것은 어떠하실지….

우리 산을 넘어 아프리카로….

 영화 《쇼생크 탈출》 OST Thomas Newman

S#23

여행을
큰 글자로 잡아야 한다

매해 년간 계획에 여행을 큰 글자로 잡아야 한다.
식사를 하고 잠을 자야 생명이 유지 발전되는 것처럼
여행도 그와 같아야 한다.

올해로 여행을 시작하며 다양한 국가와 만난 지 삼십 번의 겨울을 맞이한다. 필드에서 직접 여행객을 맞이하고 그들과 추억을 함께 만들고 기억하며 인생의 절반을 살아왔다. 어느 순간 필자보다 나이가 적은 여행객들이 조금씩 늘어나고, 나의 아이들보다 어린 학생들이 부모님과 함께 소중한 여행을 나서고 만나게 되는 횟수가 늘고 있다. 인사이동이 방송이나 신문에 오가는 정 · 재계 명사 분들로부터 노부모를 모시고 나오는 가족들, 자제분들에게 도전의식을 갖게 하고자 여행이라는 또 다른 사교육에 투자하며 나오는 가족들을 만나면서 그분들을 통해 나를 바라보는 계기가 되곤 한다. 따라 나서기 싫은데 숙제처럼 여행을 해야 하는 누군가의 모습, 소원하고 갈망하고 노력하여 떠나온 누군가의 모습, 부정적 모습과 긍정적 모습이

도시 너머로 해가 지고 있다. 체코 오스트라바

교차하는 매일매일의 삶 속에 매 시간 여행은 그렇게 다가오고 지나간다.

여행을 정의하는 학자들의 견해에 따르면 물론 시대와 지역에 따라 중간내용을 규정짓고, 의미하는 단어들은 조금씩 달라지지만, 시작과 끝의 명제는 항상 같다. 바로 "집을 떠나~ 집으로 돌아간다."이것이 여행의 정의이다. 집으로 돌아간다. 여행이 일상에서의 탈출 '일탈'이지만 그것 또한 집으로 돌아가기에 일탈이라 불리는 것이다. 집으로 돌아가지 않으면 그것은 가출이든 출가이든 이렇게 불리우리라. 여행을 통해 우리는 무엇을 얻으려 떠날까? 돈 주고 사서 하는 고생? 젊어서 떠날 수만 있다면 더 없이 감사하겠지만, 그것이 어디 녹록한가? 세상이 좋아졌다고는 해도 말처럼 쉬운 것이 아니냐. 금전적인, 시간적인, 여러 모양새가 큰 용기와 도전이 필요한 행위가 여행이다. 그래서 하나의 로망이 되지 않을까? 물론 여행을 썩 좋아라 하지 않는 분들도 있다. 내 주변에도 크게 집과 동리를 멀리 벗어나는 것을 달가워 하지 않는 분이 계신다. 다른 나라, 지역, 그곳의 또 다른 풍습과 풍경, 먹거리, 말 설고, 낯 설고, 길 설고, 물 설은 여행을 인간은 왜 좋아할까? 아니 왜 떠나야 할까? 여행의 본질적 물음을 스스로에게 던져본다. 돌아오기 위해 떠나는 이 모순된 행동을 어떻게 이해해야 할까? 여행과 연계된 포괄적 행위(여행업, 이벤트 연출, 기고, 강의)로 생계를 유지하고 그것으로 가족을 부양하고 또한 여행을 떠난다. 다른 무엇인가를 보기 위해 떠나는 것이 아니라, 다른 장소, 다른 시간대의 낯선 곳에서 나를 바라보러 떠난다. 누구 한 사람의 팔자라기보다는 인간의 숙명처럼 떠나고, 안주하고 다시 떠나야 하는 반복의 DNA를 모두 가지고 있지는 않은 것인지 이 또한 여행을 통해 내 안을 바라보아야겠다. "독자분들의 여행은 어떠셨는지요? 어딘가로 떠난 공간적인 물질여행 뿐만이 아니라 내면으로의 사색여행에도 투자를 하셨는지요?" 짬이 되고 기회가 생기면 떠나고 싶다. 아니다. 절대로 그런 여행의 운은 찾아오지 않는다.

매해 년간 계획에 여행을 큰 글자로 잡아야 한다. 식사를 하고 잠을 자야 생명이 유지 발전되는 것처럼 여행도 그와 같아야 한다. 내면으로의 여행도 게을리하지 말아야겠다. 내일을 꿈꾸듯 떠나는 여행에서 오늘 나를 바라보는 내면으로의 여행도 서둘러야겠다. 그곳에서 나를 바라본다. 내 안의 소리에 귀 기울여 본다.

저녁의 선선한 바람과 노을이 아름다운 작은 포구, 프랑스 칸

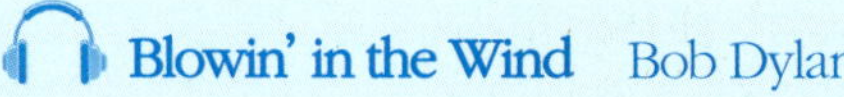
Blowin' in the Wind Bob Dylan

여행이란 무엇일까?

《여행의 기술》을 쓴 알랭 드 보통(Alain de Botton, 1969~)은 “여행은 현실에서 반나는 노어움과 천박힌 욕망을 벗어나기 위해”하는 것이라고 했지만, 그 견해를 나는 조금 다르게 본다. 그의 말이 옳다면, 여행은 도피 수단밖에 되지 않으며 일상을 증오로 내몰 뿐이다.

내가 여행을 통해 얻는 첫 번째 유효함은 ‘진실의 발견’에서 비롯된다. 우리에게는 일상의 삶을 사는 동안 알게 모르게 축적되는 환상이 있다. 저 멀리 내가 가보지 않은 곳에 사는 이들과 그들의 환경에 대해 읽고 들은 지식으로 생긴 상상인데, 이는 가공이라 거짓이기 쉬우며 그래서 힘이 없다. 영상콘텐츠는 현실의 생활을 바탕으로 상상이 더해져 그려진다. 그래서 나는 여행을 통해 현장에 서서 그 현실의 실체를 보면서 내가 가졌던 환상이 무너지고 새로운 힘을 얻게 되는 경험을 수도 없이 해왔다. 바로 진실은 현장에 있고, 그 실체에는 동력이 있기 때문이다. 그래서 여행을 마치고 온 사람의 얼굴에는 늘 광채를 띠게 된다.

여행이 우리의 삶에 유효한 두 번째는, 어쩔 수 없이 '아웃사이더'의 입장이 되는 기회를 제공한다는 것이다. 타자화된 이방인은 싫든 좋든 현실에서 비켜서서 그 현실을 끊임없는 비교와 평가를 통해 저울질하며 스스로를 사유의 세계로 모는 자이다. 자기 스스로를 제도권 밖으로 추방하여 경계 속의 현실을 목도하며 때론 비판하며 성찰하는 자, 이를 에드워드 사이드(Edward W. Said, 1935~2003)는 '지식인'이라고 했다. 그 결과로 여행은 우리를 종파주의와 그릇된 편견과 헛된 애국심에서 자유케 하는 것이다. 그래서 여행을 자주하는 사람은 가진 것이 별로 없어도 더없이 풍요롭게 보인다. 나는 종종 직업을 핑계로 여행길에 오르기도 하지만, 내 작업을 새롭게 하기 위한 절실함이 나를 늘 길 위로 내모는 게 사실이다. 영상이 생활의 이야기를 화면에 새기는 삶의 기록임을 아는 한 이 땅에 새겨진 수많은 기록들을 보아야만 한다. 현장을 보지 않고는 환상만 남게 되니, 삶의 현장을 보지 않는 한 그 영상이 구성한 시간의 결은 체득할 수 없다. 영상콘텐츠와 문화마케팅을 하는 한 나는 늘 여행길에 있을 것이다. 그 길 위에서 환상과 실체 사이에 있는 간극의 크기를 항상 절감할 것이며 그로써 이방인 된 즐거움에 사로잡힐 것이다. 여행이 주는 이 매력은 치명적이며, 따라서 내 평생 결단코 포기할 수 없는 일이다.

사실 투어가이드와 같이 여행을 떠나면 얻게 되는 것이 참 많다. 본디 투어가이드는 사는 방법을 아는 자이니, 무엇을 보는 게 좋은지, 어디서 자는 게 좋은지, 무엇을 어디서 어떻게 언제 먹는 게 좋은지를 잘 안다. 게다가 여행자뿐 아니라 사물에 대한 인문적 지식도 적절히 갖추고 있을 테니, 그가 사람만 좋다면(?) 여행의 안내자로서는 그만일 게다. 그래서 이를 아는 이들은 단체 여행의 불편함을 알면서도 그에게도 여행의 안내자로 나서 줄 것을 드물지 않게 요청하곤 한다. 이 책의 내용은 이대원 대표가 몇 년 전까지 〈충북일보〉, 〈중부매일〉

등에 간간히 연재한 글들을 주축으로 하여 사진과 글 그리고 함께 들으면 좋은 음악들을 엮어서 다시 편집한 것이다.

여행하는 일이 더러는 업무와 관계되기도 하지만, 일상으로부터 탈출해야 가능해지는 일인데 그 일탈은 결국 누군가에게 부담으로 남게 된다. 내 일탈로 누구보다 내 식구와 가족이 그 대가를 치를 수밖에 없다. 그래서 늘 미안하다. 특히 내가 집을 떠나 천방지축으로 떠돌 때, 무사귀환을 기도하고 늘 건이와 빈이를 보살피는 아내에게 정말 미안하다.

2018년 7월

고향 군산 소나무 밑에서 최태영

참고자료

인터넷

www.youtube.com/

www.google.co.kr/maps

단행본

《시로 납치하다》, 류시화, 도서출판 더숲, 2018

《보이지 않는 건축 움직이는 도시》, 승효상, 돌베개, 2016